D0869036

EL GRAN LIBRO

DE LOS

NOMBRES

EL GRAN LIBRO
DE LOS
NOMBRES

*La energía cabalística
de los nombres*

EDICIONES OBELISCO

Si este libro le ha interesado y desea que le mantengamos informado de nuestras publicaciones, escríbanos indicándonos qué temas son de su interés (Astrología, Autoayuda, Ciencias Ocultas, Artes Marciales, Naturismo, Espiritualidad, Tradición...) y gustosamente le complaceremos.

Puede consultar nuestro catálogo en www.edicionesobelisco.com

Colección Cábala y Judaísmo
EL GRAN LIBRO DE LOS NOMBRES
Rabí Aharón Shlezinger

1.ª edición: marzo de 2012

Maquetación: *Marta Rovira*
Corrección: *Cristina Viñas*
Diseño de cubierta: *Enrique Iborra*

© 2012, Rabí Aharón Shlezinger
(Reservados todos los derechos)
© 2012, Ediciones Obelisco S. L.
(Reservados todos los derechos para la presente edición)

Edita: Ediciones Obelisco, S. L.
Pere IV, 78 (Edif. Pedro IV) 3.ª planta, 5.ª puerta
08005 Barcelona - España
Tel. 93 309 85 25 - Fax 93 309 85 23
E-mail: info@edicionesobelisco.com

Paracas, 59 C1275AFA Buenos Aires - Argentina
Tel. (541-14) 305 06 33 - Fax (541-14) 304 78 20

ISBN: 978-84-9777-818-3
Depósito legal: B-4.287-2012

Impreso en España en los talleres gráficos de Romanyà/Valls S.A.
Verdaguer, 1 - 08786 Capellades (Barcelona)

Printed in Spain

INTRODUCCIÓN

LA MÍSTICA DE LOS NOMBRES

El nombre de la persona ejerce una influencia intrínseca sobre quien lo lleva. Es determinante e incide en el carácter, la personalidad y las cualidades innatas del ser humano.

En el Talmud se analiza puntillosamente este asunto, y se dilucida a partir de un versículo. Para explicarlo, Rabí Elazar citó el pasaje que declara: «Venid, observad las obras de El Eterno, que ha puesto asolamientos en la Tierra» (Salmos 46:9). La palabra que indica «asolamientos», en el original hebreo es *shamot*.

Shamot puede leerse también *shemot,* que significa «nombres». Es decir, en esta cita se encuentra aludido el misterio de la esencia de los nombres (*véase* Talmud, tratado de Berajot 7b; Maarshá).

CÓMO SE RECIBE EL NOMBRE

Ahora bien, la persona, ¿cómo recibe su nombre? El Eterno pone en la boca de quien otorgará el nombre al recién nacido un nombre específico y apropiado para la criatura. Sin embargo, el que hace esto desconoce la razón esencial que lo llevó a elegir ese nombre determinado. Aunque después de algunos años, el motivo encerrado en ese nombre se manifiesta reveladamente en la vida de quien fue llamado así. Y esto no es sólo para los Hijos de Israel, sino para todo el mundo (Hakotev en Ein Iakov, *véase* Berajot 7b, Mefarshei Hatalmud).

LA RAZÓN DEL NOMBRE

El nombre, además de contener información esencial del ser humano, también posee un valor numérico que incide en la personalidad, el carácter y la conducta de la persona. El valor numérico del nombre ayuda a desarrollar facultades positivas innatas y resulta esencial para controlar impulsos negativos congénitos.

Para comprenderlo apropiadamente observemos los misterios intrínsecos que nos revela esta cita: «Éstas son las crónicas de Isaac, hijo de Abraham. Abraham engendró a Isaac. Isaac tenía cuarenta años cuando tomó por mujer a Rebeca, hija de Betuel el arameo de Padán Aram, hermana de Labán el arameo. Isaac suplicó ante El Eterno frente a su mujer, pues ella era estéril. El Eterno aceptó su plegaria y su mujer Rebeca concibió. [...] Cuando se cumplieron los días de su preñez, he aquí que había gemelos en su vientre. El primero salió rojo, como un manto peludo; y lo llamaron Esaú. Después salió su hermano, con su mano aferrada al talón de Esaú; y lo llamaron Jacob; Isaac tenía sesenta años cuando ella los dio a luz» (Génesis 25:19–26).

La razón por la que se llamó a Esaú de ese modo fue porque nació hecho, totalmente lleno de pelo, como si fuese un adulto. Por eso le pusieron por nombre Esaú, –en hebreo Esav–, porque comparte raíz con el término *asui,* que significa, «hecho». Y todos lo llamaron así por sus características físicas. Además, en el versículo se menciona que Esaú era rojo, y esa característica dio lugar al segundo nombre que le fue asignado, Edom, que significa «rojo». Como está escrito a continuación: «Jacob preparó un guiso, y Esaú llegó del campo y estaba exhausto. Esaú le dijo a Jacob: coloca en mi boca un poco de ese potaje rojo *–adom–,* pues estoy exhausto; por ello le fue dado el nombre de Edom» (Génesis 25:29–30).

Ahora bien, ¿qué indica su característica física roja asociada al nombre Edom? Enseña que en futuro se convertiría en un asesino y sería derramador de sangre (Rashi en Génesis 25:25).

Se aprecia que el nombre de Esaú señalaba sus características físicas, así como lo relacionado con su carácter, e incluso la personalidad que desarrollaría en el futuro.

También el nombre del otro hijo de Isaac le fue puesto en concordancia con sus características. Fue llamado Jacob –en hebreo Iakov–, porque cuando nació estaba aferrado al talón de su hermano. Pues talón en hebreo se dice *ekev*, y Iakov deriva de esa palabra.

Asimismo, el hecho de que Jacob aferraba con su mano al talón de su hermano Esaú, lo cual dio origen a su nombre, enseña lo que acontecería en el futuro. Pues Jacob tomaría de su hermano el poder, tanto en ese tiempo en el que vivían, cuando tomaría su primogenitura, como en el futuro en el talón del tiempo, cuando tomaría de él el reino.

Lo concerniente al tomado de la primogenitura, está escrito después de narrarse que Esaú pidió a su hermano que le diera del potaje rojo, por lo cual fue llamado Edom, como está dicho: «Dijo Jacob: véndeme este día tu primogenitura. Y Esaú dijo: si al fin terminaré muriendo, ¿de qué me sirve la primogenitura? Dijo Jacob: ¡Júrame este día! Él le juró y vendió su primogenitura a Jacob. Jacob le dio a Esaú pan y guiso de lentejas, y él comió y bebió, se levantó y se fue; y Esaú despreció la primogenitura» (Génesis 25:31–34). Y lo concerniente al futuro acontecerá en el talón del tiempo, como está escrito: «La casa de Jacob será fuego, y la casa de José será llama, y la casa de Esaú estopa, y los quemarán y los consumirán; ni aun resto quedará de la casa de Esaú, porque El Eterno lo ha dicho» (Abdías 1:18).

Se aprende que el nombre de Jacob asociado al talón de Esaú, al que estaba aferrado al nacer, indicaba que su hermano no acabaría de completar su reinado. Pues Jacob lo tomaría de él (Rashi en Génesis 25:26; *véase* Gur Arie).

EL VALOR NUMÉRICO DEL NOMBRE

Por lo tanto queda deducido que el nombre de la persona contiene el misterio intrínseco de sus características, su personalidad y su conducta futura. Veamos ahora lo concerniente al valor numérico del nombre.

El famoso erudito Jacob Baal Haturim lo explicó así: «El valor numérico del nombre Esaú, coincide con el de la palabra *shalom,* que significa "paz". Y si no fuera así, Esaú hubiera destruido el mundo» (Baal Haturim en Génesis 25:25). Significa que la energía proveniente del valor numérico del nombre de Esaú controló la intensidad de sus tendencias innatas, dominando la intensidad de sus impulsos. Resulta que el valor numérico del nombre está directamente relacionado con la personalidad y las reacciones del ser humano.

EL FACTOR ASTROLÓGICO

Además del valor numérico del nombre, hay otro factor que incide en la personalidad de la persona, la energía proveniente de los cuerpos celestes. En el Talmud se menciona este tema, y es importante conocerlo, ya que la energía astral interactúa en conjunto con la energía proveniente del valor numérico del nombre y su valor intrínseco.

El valor intrínseco es el valor numérico reducido. Es decir, se suman las cifras del valor numérico entre sí, y se obtiene el valor intrínseco –*mispar katán*–.

Rabí Janina enseñó que la causa determinante de la suerte de la persona se debe a la influencia horaria de los siete cuerpos celestes que ejercen una influencia directa sobre la Tierra.

Estos siete cuerpos celestes son: el Sol, denominado en hebreo Jamá; Venus, denominado en hebreo Noga; Mercurio, denominado en hebreo Kojav; la Luna, denominada en hebreo Levaná; Saturno, denominado en hebreo Shavetai; Júpiter, denominado en hebreo Tzedek; y Marte, denominado en hebreo Maadim.

El que nace bajo la influencia del Sol será un individuo radiante, y su rostro irradiará resplandor del mismo modo que el Sol irradia luminosidad al mundo. Además, comerá y beberá de lo suyo, sin tener que acudir a los demás, como el Sol, que ilumina en un tiempo establecido y determinado, bajo limites bien definidos. Será una persona de secretos revelados, como el Sol, que se muestra ante todos abiertamente; por tal razón, si incurre en el latrocinio, no tendrá éxito, ya que el Sol no oculta nada ni toma lo que no le pertenece invadiendo el tiempo asignado a la noche.

El que nazca bajo la influencia de Venus será un individuo acaudalado y poseedor de una gran incitación sexual. Pues de ese astro depende el fuego de la pasión por el deseo que permanece encendido como un horno.

El que nazca bajo la influencia de Mercurio será un individuo sincero y sabio. Pues Mercurio es el planeta más cercano al Sol, permaneciendo junto a él constantemente como un escriba, circundándolo en tan sólo 88 días.

El que nazca bajo la influencia de la Luna será un individuo que deberá soportar aflicciones, tal como acontece con la Luna que sufre disminuciones en su trayectoria, ya que crece y decrece constantemente. Por tal razón, esta persona será inestable, elaborará planes y los deshará, anulará lo que pensó hacer y volverá a elucubrar. Comerá y beberá de lo de otros, tal como sucede con la Luna, que se nutre de luz que no es propia e invade el dominio del Sol, irrumpiendo cuando aun es de día. Sus secretos permanecerán encubiertos, como ocurre con la Luna, y si se dedicara al latrocinio tendrá éxito, ya que no revela sus actos.

El que nazca bajo la influencia de Saturno será un individuo cuyos pensamientos se desvanecerán. Pues Saturno ejerce su influencia en el inicio del Día de Reposo –Shabat–, y es el responsable del declive y la finalización de todo asunto, ya que trabajar está prohibido en el Día de Reposo. Esta característica está indicada en el nombre del astro en hebreo, que es Shabetai, lo cual alude al Shabat, es decir, cesación. Incluso se considera que los pensamientos de otros hombres con respecto a este nacido bajo la influencia de Saturno se disiparán.

El que nazca bajo la influencia de Júpiter será un individuo recto. Rav Najman, hijo de Itzjak, señaló que será recto en relación con el cumplimiento de la ordenanza Divina. Ya que al que hace justicia en hebreo se lo denomina *tzadkán* y el nombre hebreo de este astro es Tzedek.

El que nazca bajo la influencia de Marte será un individuo con tendencia a derramar sangre.

CANALIZACIÓN POSITIVA DEL DESTINO

Tras enunciarse esta regla, se menciona en el Talmud la enseñanza de Rav Ashi, quien dijo que esta tendencia puede ser salvaguardada y canalizada correctamente, o por el contrario, puede ser utilizada de modo impropio. Pues este hombre nacido bajo la influencia de Marte dispone de la opción de ejercer la medicina y extraer sangre de los pacientes que lo requieran. Aunque por otro lado puede convertirse en un delincuente que asesina a sus victimas. La persona que recibió esta influencia o cualquier otra proveniente de la energía de los astros, posee libre albedrío para orientarla del modo que su voluntad lo desee. Por eso, en este caso especifico, puede aprovechar su naturaleza, que le otorga una enorme fortaleza contra el impacto de ver sangre y lo impulsa a verla, convirtiéndose en un buen matarife de animales –*shojet*–, o en un correcto profesional de la realización de la circuncisión –*moel*–. De este modo estará canalizando correctamente la naturaleza que le ha sido otorgada cumpliendo acertadamente la misión que le ha sido asignada en este mundo.

CONCEPTO ESCUDRIÑADO Y RESUELTO

Seguidamente se cita en el Talmud una objeción presentada por Raba: «Pero ¿acaso una persona que nace bajo la influencia de Marte posee tendencia a derramar sangre? ¡Yo he nacido bajo la influencia de Marte! ¿Acaso poseo tendencia a derramar sangre?».

La respuesta la otorgó Abaie, quien le dijo: «¡Sí! Pues usted, maestro, también castiga letalmente a los que desobedecen su palabra».

EL ENIGMA DE LA POBREZA Y LA RIQUEZA

A continuación se aborda en el Talmud un tema elemental, se definen las causas astrológicas de la buena fortuna y las desgracias en la condición financiera de las personas. Asimismo se relaciona este fenómeno con el medio que determina el coeficiente intelectual de los seres humanos.

Rabí Janina sintetizó y dijo: «La irradiación de los astros enriquece y torna sabia a la persona».

UN DESIGNIO NEGATIVO PUEDE REVERTIRSE

Ya se enseñó que la influencia de los astros determina sobre la persona sus características naturales. Mas, ¿existe alguna posibilidad de modificar estos designios?

Rabí Iojanán señaló de forma contundente: «No hay designio astral para los Hijos de Israel». Y Rav también estuvo de acuerdo y dijo: «No hay designio astral para los Hijos de Israel».

Es decir, si bien es cierto que la influencia de los astros es evidente y determinante para limitar la tendencia natural de los hombres, aun existe la posibilidad de revertir este fallo (Talmud, tratado de Shabat 156, Mefarsehi Hatalmud).

APLICACIÓN DEL VALOR INTRÍNSECO

Ya hemos visto que la conducta del ser humano es influenciada por las irradiaciones energéticas astrales, y también por las características de su nombre y el valor numérico del mismo. Este dato es extremadamente valioso para optimizar las facultades congénitas de la persona, así como para corregir defectos o tendencias impropias, canalizando apropiadamente las irradiaciones astrales. Los sabios cabalistas conocen las propiedades de los nombres y son capaces de asociar valores y letras para corregir la suerte del ser humano.

En el libro Segulot Israel se citan diversos procedimientos que resultan ideales para ilustrar nuestro asunto, aunque no se deben poner en práctica sin la orientación de un sabio cabalista, ya que hay muchos pormenores que deben ser tomados en cuenta a la hora de hacer los cálculos.

Por ejemplo, en el apartado «Destino –goral–», se describen varios sistemas que permiten identificar la viabilidad de las acciones futuras de una persona en relación con la esencia de su nombre. Veamos uno de esos sistemas:

Quien desee conocer la compatibilidad de los miembros de una pareja, deberá calcular el valor numérico intrínseco del nombre del varón y la mujer.

- **En el caso en que el valor resultante sea 1**, significa que está predestinado que la convivencia de ellos será exitosa y placentera. Asimismo, habrá paz entre ellos. Pues su enlace estará vinculado con la energía venusiana.

- **Si el valor resultante es 2**, habrá riñas entre ellos, pues su enlace estará vinculado con la energía proveniente de las estrellas Pléyades.

- **Si el valor resultante es 3**, significa que habrá rivalidad entre ellos. Pues su enlace estará vinculado con la energía proveniente de la constelación de Acuario.

- **Si el valor resultante es 4**, significa que se amarán intensamente. Pues su enlace estará vinculado con la energía proveniente del Sol.

- **Si el valor resultante es 5**, significa que habrá entre ellos momentos alternados de benevolencia y mal pasar.

- **Si el valor resultante es 6**, significa que predominará el mal entre ellos. Pues su enlace estará vinculado con la energía proveniente de Saturno.

- **Si el valor resultante es 7**, significa que siempre estarán juntos. Juntos vivirán y juntos morirán en medio de bien. Pues su enlace estará vinculado con la energía proveniente de la Luna.

- **Si el valor resultante es 8**, significa que triunfarán en todo asunto. Pues su enlace estará vinculado con la energía proveniente del Sol.

- **Si el valor resultante es 9**, significa que los pleitos reinarán entre ellos. Por eso no les conviene casarse. Pues su enlace estará vinculado con la energía proveniente de Marte (Segulot Israel en nombre de Maré Haieladim).

EL MISTICISMO DE LOS NOMBRES

Ya hemos visto que antaño los nombres eran recibidos de forma óptima; e incluso en la actualidad, quien pone el nombre a una persona, –tal como ocurre con los padres de una criatura que les ha nacido–, recibe una inspiración Divina. Este nombre posee un valor intrínseco enraizado en la Torá y está estrechamente vinculado con un versículo. Por eso es propicio que la persona conozca cual es el versículo relacionado con su nombre, el cual comienza y termina con las letras de éste. Asimismo, es idóneo que la persona recuerde y pronuncie este versículo cuando va por el camino, o mientras desarrolla otra actividad (Mishpat Tzedek).

Los sabios cabalistas aconsejaron pronunciar este versículo al finalizar la plegaria. La razón se debe a que el nombre de la persona está vinculado con la esencia pura y sagrada proveniente directamente de El Eterno. Y como en el mundo existen el bien y el mal, con el fin de que escojamos el bien y nos hagamos merecedores de un gran porvenir en el Mundo Venidero, es necesario recordar el propio nombre del modo mencionado.

Esto es necesario porque si uno tropieza con el mal, y se deja arrastrar en algunas ocasiones por la impureza, su nombre caerá en las fuentes de la impureza y permanecerá en el exilio. Pero al pronunciar el versículo que recuerda el propio nombre, se lo rescata y se deposita junto a la santidad (Zera Kodesh).

Este versículo ayudará a la persona a ser recordada el día en que su alma deba presentarse para ser juzgada (Shlá).

ESTRUCTURA SENSORIAL

El nombre de la persona está compuesto por letras, y cada una de ellas está vinculada a un atributo sensorial determinado. Ya que hay letras asociadas al amor absoluto –rajamim guemurim–, otras asociadas al amor simple o bondad –rajamim stam–, también están aquellas asociadas a una combinación de amor con rigor, y hay letras asociadas al rigor absoluto –*din gamur*–. Y cuando se desee poner un nombre, o formar plegarias, o palabras, debe hacerse la combinación de letras de acuerdo con la acción que se desee, ya sea para el flanco del amor o el del rigor. Si es para el flanco del amor, la mayoría de las letras deben estar vinculadas a ese atributo, y si es para el flanco del rigor, la mayoría de las letras deben estar vinculadas a ese atributo, y lo mismo con los demás atributos (Pardés Rimonim: Shaar Haotiot 27).

Estas son las correspondencias:

- Letras vinculadas con el amor absoluto –*rajamim guemurim*–: *alef, bet, guimel, dalet, he, vav.*
- Letras vinculadas con el amor simple o bondad –*rajamim stam*–: *zain, jet, tet, iud.*
- Letras vinculadas con la combinación de amor y rigor: *caf, lamed, mem, nun, samej, ain.*
- Letras vinculadas con el rigor: *pe, tzadi, kuf, reish, shin, tav.*

COMPOSICIÓN ELEMENTAL

Cada letra está asociada también a un elemento, con el que se vincula en mayor o menor grado. Y los sabios cabalistas han enseñado que el misterio de los fundamentos de las letras, así como su peso, divisiones y fuerzas, forma parte de una sabiduría maravillosa a través de la cual se pueden comprender misterios ocultos y recónditos.

Ésta es la correspondencia de las letras con los cuatro elementos fundamentales:

- Letras vinculadas con el elemento fuego: *alef, he, tet, mem, pe, shin, nun* final.

- Letras vinculadas con el elemento aire: *guimel, zain, samej, caf, kuf, caf* final, *pe* final.
- Letras vinculadas con el elemento agua: *dalet, jet, lamed, ain, reish, mem* final.
- Letras vinculadas con el elemento tierra: *bet, vav, iud, nun, tzadi, tav, tzadi* final.

Ahora bien, dentro de esta clasificación general, hay pormenores y subdivisiones trascendentales, tal como hemos dicho. Pues cada letra tiene 28 niveles, cada uno de los cuales posee propiedades particulares y específicas, diferentes a las de las otras letras. Por ejemplo, *alef,* la primera letra del alfabeto, que se vincula con el elemento fuego, posee en su interior 28 niveles distintos de fuego. Los mismos se encuentran en orden decreciente, por lo que el nivel 28 presenta un grado de fuego atenuado.

Sin embargo, pese a la reducción de fogosidad que hay en el último nivel de la letra *alef,* el mismo es considerado la cabeza del primer nivel de la letra *he,* que es la que sigue a *alef.* Asimismo la letra *he* contiene en su interior 28 niveles distintos de fuego. Los mismos se encuentran en orden decreciente, por lo que el nivel 28 presenta un grado de fuego atenuado, de acuerdo con su categoría. No obstante, pese a tratarse de un fuego notoriamente debilitado, el nivel 28 de la letra *he* es considerado la cabeza del primer nivel de la letra *tet,* que es la que sigue a *he.* Y lo mismo ocurre con las demás letras de este orden, asociadas al elemento fuego.

Este mismo proceso ocurre con todas las demás letras, las asociadas al elemento aire, las asociadas al elemento agua, y las asociadas al elemento tierra.

A esto se denomina conocer «el peso» de las letras. Pues para adentrarse en esta ciencia, debe saberse el peso de cada letra, su composición, su grado de fuerza, cuánto desciende con respecto a la letra que le sigue, y cuánto asciende, en relación con cada elemento. Y a partir de esos conocimientos se revisa el nombre de la persona y se sabe lo que ocurre con ella.

Por ejemplo el sabio talmudista Rabí Meir revisaba el nombre de la persona y sabía lo que ocurría con ella, debido a que era experto en esta ciencia. Él pesaba mentalmente los números asociados a los elementos de las letras del nombre, analizando cuantas partes había vinculadas con el elemento fuego, con el elemento aire, con el elemento agua, y con el elemento tierra. Y según el elemento cuyas partes prevalecían, sabía lo que ocurría internamente con esa persona cuyo nombre evaluaba. Ya que cada elemento indica un asunto diferente (Midrash Talpiot: Anaf Otiot).

LA IMPORTANCIA DEL NOMBRE

Como hemos visto, el valor numérico, el valor intrínseco, la estructura sensorial y la composición elemental del nombre de la persona son datos esenciales. Por tal razón adjuntaremos esos datos a cada uno de los nombres que mencionaremos a continuación. Y también mencionaremos un versículo apropiado para ese nombre, que comience y finalice con la letra con que comienza y termina ese nombre. Asimismo citaremos la fuente de cada nombre, pues es un dato sumamente importante y valioso. Y si el origen es bíblico, y el nombre está escrito en la fuente de manera exacta, agregaremos la referencia entre paréntesis. Pero si en la fuente falta una letra, o sobra una, o más, en ese caso colocaremos antes de la referencia bíblica el prefijo «véase». Y si ese nombre no consta en la fuente como nombre de persona, sino como nombre de una flor, una planta, una fruta, un animal o un lugar, en ese caso, agregaremos junto a la fuente el significado de esa palabra que da origen al nombre.

NOMBRES
MASCULINOS

Nombres que comienzan con

ALEF (א)

Aba / אבא

- **Fuente**: Talmud, *véase* tratado de Berajot 3b
- **Valor intrínseco:** 4
- **Valor numérico –*guematria*–:** 4
- **Composición elemental:** א = elemento fuego, nivel alto; ב = elemento tierra, nivel alto; א = elemento fuego, nivel alto.
- **Estructura sensorial:** א = atributo amor; ב = atributo amor; א = atributo amor.
- **Versículo:** «Pero el primogénito de los animales, que por la primogenitura es de El Eterno, ningún hombre lo consagrará; sea toro u oveja, es de El Eterno» (Levítico 27:26).

  אך בכור אשר יבכר ליהוה בבהמה לא יקדיש איש אתו אם שור אם שה ליהוה הוא

Avigdor / אביגדור

- **Fuente:** *véase* I Crónicas 4:18
- **Valor intrínseco:** 1
- **Valor numérico –*guematria*–:** 226
- **Composición elemental:** א = elemento fuego, nivel alto; ב = elemento tierra, nivel alto; י = elemento tierra, nivel alto atenuado; ג = elemento aire, nivel alto; ד = elemento agua, nivel alto; ו = elemento tierra, nivel alto moderado; ר = elemento agua, nivel medio moderado.
- **Estructura sensorial:** א = atributo amor; ב = atributo amor; י = atributo bondad; ג = atributo amor; ד = atributo amor; ו = atributo amor; ר = atributo rigor.

- **Versículo:** «El candelabro puro, sus lámparas, las lámparas del orden prescrito y todos sus utensilios, y el aceite de iluminación» (Éxodo 39:37).

את המנרה הטהרה את נרתיה נרת המערכה ואת כל כליה ואת שמן המאור

Abi / אבי

- **Fuente:** II Reyes 18:2
- **Valor intrínseco:** 4
- **Valor numérico –*guematria*–:** 13
- **Composición elemental:** א = elemento fuego, nivel alto; ב = elemento tierra, nivel alto; י = elemento tierra, nivel alto atenuado.
- **Estructura sensorial:** א = atributo amor; ב = atributo amor; י = atributo bondad.
- **Versículo:** «Vosotros habéis visto lo que le hice a Egipto, y que os he transportado sobre alas de águilas, y os he traído hacia Mí» (Éxodo 19:4).

אתם ראיתם אשר עשיתי למצרים ואשא אתכם על כנפי נשרים ואבא אתכם אלי

Abinoam / אבינעם

- **Fuente:** Jueces 4:6
- **Valor intrínseco:** 2
- **Valor numérico –*guematria*–:** 173
- **Composición elemental:** א = elemento fuego, nivel alto; ב = elemento tierra, nivel alto; י = elemento tierra, nivel alto atenuado; נ = elemento tierra, nivel medio; ע = elemento agua, nivel medio; ם = elemento agua, nivel bajo.
- **Estructura sensorial:** א = atributo amor; ב = atributo amor; י = atributo bondad; נ = atributo misericordia; ע = atributo misericordia; ם = atributo misericordia.
- **Versículo:** «El hombre temerá a su padre y su madre, y Mis Shabat observaréis, Yo soy El Eterno, vuestro Dios» (Levítico 19:3).

איש אמו ואביו תיראו ואת שבתתי תשמרו אני יהוה אלהיכם

Ebiatar / אביתר

- **Fuente:** I Samuel 22:20
- **Valor intrínseco:** 1
- **Valor numérico –*guematria*–:** 613
- **Composición elemental:** א = elemento fuego, nivel alto; ב = elemento tierra, nivel alto; י = elemento tierra, nivel alto atenuado; ת = elemento tierra, nivel medio atenuado; ר = elemento agua, nivel medio moderado.
- **Estructura sensorial:** א = atributo amor; ב = atributo amor; י = atributo bondad; ת = atributo rigor; ר = atributo rigor.
- **Versículo:** «El candelabro puro, sus lámparas, las lámparas del orden prescrito y todos sus utensilios, y el aceite de iluminación» (Éxodo 39:37).

את המנרה הטהרה את נרתיה נרת המערכה ואת כל כליה ואת שמן המאור

Abshalom / אבשלום

- **Fuente:** II Samuel 3:3
- **Valor intrínseco:** 1
- **Valor numérico –*guematria*–:** 379
- **Composición elemental:** א = elemento fuego, nivel alto; ב = elemento tierra, nivel alto; ש = elemento fuego, nivel medio atenuado; ל = elemento agua, nivel alto atenuado; ו = elemento tierra, nivel alto moderado; ם = elemento agua, nivel bajo.
- **Estructura sensorial:** א = atributo amor; ב = atributo amor; ש = atributo rigor; ל = atributo misericordia; ו = atributo amor; ם = atributo misericordia.
- **Versículo:** «El hombre temerá a su padre y su madre, y Mis Shabat observaréis, Yo soy El Eterno, vuestro Dios» (Levítico 19:3).

איש אמו ואביו תיראו ואת שבתתי תשמרו אני יהוה אלהיכם

Abraham / אברהם

- **Fuente:** Génesis 18:19
- **Valor intrínseco:** 5
- **Valor numérico –*guematria*–:** 248
- **Composición elemental:** א = elemento fuego, nivel alto; ב = elemento tierra, nivel alto; ר = elemento agua, nivel medio moderado; ה= elemento fuego, nivel alto moderado; ם = elemento agua, nivel bajo.
- **Estructura sensorial:** א = atributo amor; ב = atributo amor; ר = atributo rigor; ה = atributo amor; ם = atributo misericordia.
- **Versículo:** «El hombre temerá a su padre y su madre, y Mis Shabat observaréis, Yo soy El Eterno, vuestro Dios» (Levítico 19:3).

איש אמו ואביו תיראו ואת שבתתי תשמרו אני יהוה אלהיכם

Abner / אבנר

- **Fuente:** I Samuel 17:55
- **Valor intrínseco:** 1
- **Valor numérico –*guematria*–:** 253
- **Composición elemental:** א = elemento fuego, nivel alto; ב = elemento tierra, nivel alto; נ = elemento tierra, nivel medio; ר = elemento agua, nivel medio moderado.
- **Estructura sensorial:** א = atributo amor; ב = atributo amor; נ = atributo misericordia; ר = atributo rigor.
- **Versículo:** «El candelabro puro, sus lámparas, las lámparas del orden prescrito y todos sus utensilios, y el aceite de iluminación» (Éxodo 39:37).

את המנרה הטהרה את נרתיה נרת המערכה ואת כל כליה ואת שמן המאור

Adam / אדם

- **Fuente:** Génesis 5:1
- **Valor intrínseco:** 9
- **Valor numérico –*guematria*–:** 45

- **Composición elemental:** א = elemento fuego, nivel alto; ד = elemento agua, nivel alto; ם = elemento agua, nivel bajo.
- **Estructura sensorial:** א = atributo amor; ד = atributo amor; ם = atributo misericordia.
- **Versículo:** «El hombre temerá a su padre y su madre, y Mis Shabat observaréis, Yo soy El Eterno, vuestro Dios» (Levítico 19:3).

איש אמו ואביו תיראו ואת שבתתי תשמרו אני יהוה אלהיכם

Aharón / אהרן

- **Fuente:** Éxodo 4:14
- **Valor intrínseco:** 4
- **Valor numérico –*guematria*–:** 256
- **Composición elemental:** א = elemento fuego, nivel alto; ה = elemento fuego, nivel alto moderado; ר = elemento agua, nivel medio moderado; ן = elemento fuego, nivel bajo.
- **Estructura sensorial:** א = atributo amor; ה = atributo amor; ר = atributo rigor; ן = atributo misericordia.
- **Versículo:** «A El Eterno, vuestro Dios, seguiréis, y a Él temeréis; Sus preceptos observaréis, y Su voz obedeceréis; a Él serviréis y a Él os apegaréis» (Deuteronomio 13:5).

אחרי יהוה אלהיכם תלכו ואתו תיראו ואת מצותיו תשמרו ובקלו תשמעו ואתו תעבדו ובו תדבקון

Ehud / אהוד

- **Fuente:** Jueces 3:15
- **Valor intrínseco:** 7
- **Valor numérico –*guematria*–:** 16
- **Composición elemental:** א = elemento fuego, nivel alto; ה = elemento fuego, nivel alto moderado; ו = elemento tierra, nivel alto moderado; ד = elemento agua, nivel alto.
- **Estructura sensorial:** א = atributo amor; ה = atributo amor; ו = atributo amor; ד = atributo amor.

- **Versículo:** «Las cortinas del Patio, sus columnas y sus zócalos, la Partición de la puerta del Patio, sus sogas y sus clavijas, y todos los utensilios para el servicio del Tabernáculo de la Tienda de la Reunión» (Éxodo 39:40).

את קלעי החצר את עמדיה ואת אדניה ואת המסך לשער החצר את מיתריו ויתדתיה

ואת כל כלי עבדת המשכן לאהל מועד

Ofir / אופיר

- **Fuente:** *véase* I Reyes 9:28, consta como nombre de lugar.
- **Valor intrínseco:** 9
- **Valor numérico –guematria–:** 297
- **Composición elemental:** א = elemento fuego, nivel alto; ו = elemento tierra, nivel alto moderado; פ = elemento fuego, nivel medio moderado; י = elemento tierra, nivel alto atenuado; ר = elemento agua, nivel medio moderado.
- **Estructura sensorial:** א = atributo amor; ו = atributo amor; פ = atributo rigor; י = atributo bondad; ר = atributo rigor.
- **Versículo:** «El candelabro puro, sus lámparas, las lámparas del orden prescrito y todos sus utensilios, y el aceite de iluminación» (Éxodo 39:37).

את המנרה הטהרה את נרתיה נרת המערכה ואת כל כליה ואת שמן המאור

Ilan / אילן

- **Fuente:** *véase* Daniel 4:7, significa «árbol».
- **Valor intrínseco:** 1
- **Valor numérico –guematria–:** 91
- **Composición elemental:** א = elemento fuego, nivel alto; י = elemento tierra, nivel alto atenuado; ל = elemento agua, nivel alto atenuado; ן = elemento fuego, nivel bajo.
- **Estructura sensorial:** א = atributo amor; י = atributo bondad; ל = atributo misericordia; ן = atributo misericordia.

- **Versículo:** «A El Eterno, vuestro Dios, seguiréis, y a Él temeréis; Sus preceptos observaréis, y Su voz obedeceréis; a Él serviréis y a Él os apegaréis» (Deuteronomio 13:5).

אחרי יהוה אלהיכם תלכו ואתו תיראו ואת מצותיו תשמרו ובקלו תשמעו ואתו תעבדו ובו תדבקון

Uri / אורי

- **Fuente:** Éxodo 31:2
- **Valor intrínseco:** 1
- **Valor numérico –*guematria*–:** 217
- **Composición elemental:** א = elemento fuego, nivel alto; ו = elemento tierra, nivel alto moderado; ר = elemento agua, nivel medio moderado; י = elemento tierra, nivel alto atenuado.
- **Estructura sensorial:** א = atributo amor; ו = atributo amor; ר = atributo rigor; י = atributo bondad.
- **Versículo:** «Vosotros habéis visto lo que le hice a Egipto, y que os he transportado sobre las de águilas, y os he traído hacia Mí» (Éxodo 19:4).

אתם ראיתם אשר עשיתי למצרים ואשא אתכם על כנפי נשרים ואבא אתכם אלי

On / און

- **Fuente:** Números 16:1
- **Valor intrínseco:** 3
- **Valor numérico –*guematria*–:** 57
- **Composición elemental:** א = elemento fuego, nivel alto; ו = elemento tierra, nivel alto moderado; ן = elemento fuego, nivel bajo.
- **Estructura sensorial:** א = atributo amor; ו = atributo amor; ן = atributo misericordia.
- **Versículo:** «A El Eterno, vuestro Dios, seguiréis, y a Él temeréis; Sus preceptos observaréis, y Su voz obedeceréis; a Él serviréis y a Él os apegaréis» (Deuteronomio 13:5).

אחרי יהוה אלהיכם תלכו ואתו תיראו ואת מצותיו תשמרו ובקלו תשמעו ואתו תעבדו ובו תדבקון

Eitán / איתן

- **Fuente:** I Reyes 5:11
- **Valor intrínseco:** 2
- **Valor numérico –*guematria*–:** 461
- **Composición elemental:** א = elemento fuego, nivel alto; י = elemento tierra, nivel alto atenuado; ת = elemento tierra, nivel medio atenuado; ן = elemento fuego, nivel bajo.
- **Estructura sensorial:** א = atributo amor; י = atributo bondad; ת = atributo rigor; ן = atributo misericordia.
- **Versículo:** «A El Eterno, vuestro Dios, seguiréis, y a Él temeréis; Sus preceptos observaréis, y Su voz obedeceréis; a Él serviréis y a Él os apegaréis» (Deuteronomio 13:5).

אחרי יהוה אלהיכם תלכו ואתו תיראו ואת מצותיו תשמרו ובקלו תשמעו ואתו תעבדו ובו תדבקון

Itamar / איתמר

- **Fuente:** Éxodo 6:23
- **Valor intrínseco:** 3
- **Valor numérico –*guematria*–:** 651
- **Composición elemental:** א = elemento fuego, nivel alto; י = elemento tierra, nivel alto atenuado; ת = elemento tierra, nivel medio atenuado; מ = elemento fuego, nivel medio; ר = elemento agua, nivel medio moderado.
- **Estructura sensorial:** א = atributo amor; י = atributo bondad; ת = atributo rigor; מ = atributo misericordia; ר = atributo rigor.
- **Versículo:** «El candelabro puro, sus lámparas, las lámparas del orden prescrito y todos sus utensilios, y el aceite de iluminación» (Éxodo 39:37).

את המנרה הטהרה את נרתיה נרת המערכה ואת כל כליה ואת שמן המאור

Elón / אֵלוֹן

- **Fuente:** Génesis 46:14
- **Valor intrínseco**: 6
- **Valor numérico –*guematria*–:** 87
- **Composición elemental:** א = elemento fuego, nivel alto; ל = elemento agua, nivel alto atenuado; ו = elemento tierra, nivel alto moderado; ן = elemento fuego, nivel bajo.
- **Estructura sensorial**: א = atributo amor; ל = atributo misericordia; ו = atributo amor; ן = atributo misericordia.
- **Versículo:** «A El Eterno, vuestro Dios, seguiréis, y a Él temeréis; Sus preceptos observaréis, y Su voz obedeceréis; a Él serviréis y a Él os apegaréis» (Deuteronomio 13:5).

אחרי יהוה אלהיכם תלכו ואתו תיראו ואת מצותיו תשמרו ובקלו תשמעו ואתו תעבדו ובו תדבקון

Eldad / אֵלְדָד

- **Fuente:** Números 11:26
- **Valor intrínseco:** 3
- **Valor numérico –*guematria*–:** 39
- **Composición elemental:** א = elemento fuego, nivel alto; ל = elemento agua, nivel alto atenuado; ד = elemento agua, nivel alto; ד = elemento agua, nivel alto.
- **Estructura sensorial:** א = atributo amor; ל = atributo misericordia; ד = atributo amor; ד = atributo amor.
- **Versículo:** «Las cortinas del Patio, sus columnas y sus zócalos, la Partición de la puerta del Patio, sus sogas y sus clavijas, y todos los utensilios para el servicio del Tabernáculo de la Tienda de la Reunión» (Éxodo 39:40).

את קלעי החצר את עמדיה ואת אדניה ואת המסך לשער החצר את מיתריו ויתדתיה
ואת כל כלי עבדת המשכן לאהל מועד

Eliav / אליאב

- **Fuente:** Números 1:9
- **Valor intrínseco:** 8
- **Valor numérico –guematria–:** 44
- **Composición elemental:** א = elemento fuego, nivel alto; ל = elemento agua, nivel alto atenuado; י = elemento tierra, nivel alto atenuado; א = elemento fuego, nivel alto; ב = elemento tierra, nivel alto.
- **Estructura sensorial:** א = atributo amor; ל = atributo misericordia; י = atributo bondad; א = atributo amor; ב = atributo amor.
- **Versículo**: «Éstas son las palabras que Moisés dijo ante todo Israel, del otro lado del Jordán, concernientes al Desierto, acerca de la Aravá, frente al Mar de Cañas, entre Parán y Tofel, y Laván, y Jatzerot, y Di Zahav» (Deuteronomio 1:1).

אלה הדברים אשר דבר משה אל כל ישראל בעבר הירדן במדבר בערבה מול סוף בין פארן ובין תפל ולבן וחצרת ודי זהב

Eljanán / אלחנן

- **Fuente**: II Samuel 23:24
- **Valor intrínseco:** 4
- **Valor numérico –guematria–:** 139
- **Composición elemental:** א = elemento fuego, nivel alto; ל = elemento agua, nivel alto atenuado; ח = elemento agua, nivel alto moderado; נ = elemento tierra, nivel medio; ן = elemento fuego, nivel bajo.
- **Estructura sensorial**: א = atributo amor; ל = atributo misericordia; ח = atributo bondad; נ = atributo misericordia; ן = atributo misericordia.
- **Versículo:** «A El Eterno, vuestro Dios, seguiréis, y a Él temeréis; Sus preceptos observaréis, y Su voz obedeceréis; a Él serviréis y a Él os apegaréis» (Deuteronomio 13:5).

אחרי יהוה אלהיכם תלכו ואתו תיראו ואת מצותיו תשמרו ובקלו תשמעו ואתו תעבדו ובו תדבקון

Eliezer / אליעזר

- **Fuente:** Génesis 15:2
- **Valor intrínseco**: 3
- **Valor numérico –*guematria*–:** 318
- **Composición elemental:** א = elemento fuego, nivel alto; ל = elemento agua, nivel alto atenuado; י = elemento tierra, nivel alto atenuado; ע = elemento agua, nivel medio; ז = elemento aire, nivel alto moderado; ר = elemento agua, nivel medio moderado.
- **Estructura sensorial:** א = atributo amor; ל = atributo misericordia; י = atributo bondad; ע = atributo misericordia; ז = atributo bondad; ר = atributo rigor.
- **Versículo:** «El candelabro puro, sus lámparas, las lámparas del orden prescrito y todos sus utensilios, y el aceite de iluminación» (Éxodo 39:37).

את המנרה הטהרה את נרתיה נרת המערכה ואת כל כליה ואת שמן המאור

Eliahu / אליהו

- **Fuente:** I Reyes 17:1
- **Valor intrínseco**: 7
- **Valor numérico –*guematria*–:** 52
- **Composición elemental:** א = elemento fuego, nivel alto; ל = elemento agua, nivel alto atenuado; י = elemento tierra, nivel alto atenuado; ה = elemento fuego, nivel alto moderado; ו = elemento tierra, nivel alto moderado.
- **Estructura sensorial:** א = atributo amor; ל = atributo misericordia; י = atributo bondad; ה = atributo amor; ו = atributo amor.
- **Versículo:** «Esto comeréis de todo lo que hay en el agua, todo lo que tiene aletas y escamas en las aguas del mar, y en los ríos, esto comeréis» (Levítico 11:9).

את זה תאכלו מכל אשר במים כל אשר לו סנפיר וקשקשת במים בימים ובנחלים אתם תאכלו

Elad / אלעד

- **Fuente**: I Crónicas 7:21
- **Valor intrínseco:** 6
- **Valor numérico –guematria–:** 105
- **Composición elemental:** א = elemento fuego, nivel alto; ל = elemento agua, nivel alto atenuado; ע = elemento agua, nivel medio; ד = elemento agua, nivel alto.
- **Estructura sensorial:** א = atributo amor; ל = atributo misericordia; ע = atributo misericordia; ד = atributo amor.
- **Versículo:** «Las cortinas del Patio, sus columnas y sus zócalos, la Partición de la puerta del Patio, sus sogas y sus clavijas, y todos los utensilios para el servicio del Tabernáculo de la Tienda de la Reunión» (Éxodo 39:40).

את קלעי החצר את עמדיה ואת אדניה ואת המסך לשער החצר את מיתריו ויתדתיה ואת כל כלי עבדת המשכן לאהל מועד

Elnatán / אלנתן

- **Fuente:** Jeremías 26:22
- **Valor intrínseco:** 9
- **Valor numérico –guematria–:** 531
- **Composición elemental:** א = elemento fuego, nivel alto; ל = elemento agua, nivel alto atenuado; נ = elemento tierra, nivel medio; ת = elemento tierra, nivel medio atenuado; ן = elemento fuego, nivel bajo.
- **Estructura sensorial:** א = atributo amor; ל = atributo misericordia; נ = atributo misericordia; ת = atributo rigor; ן = atributo misericordia.
- **Versículo:** «A El Eterno, vuestro Dios, seguiréis, y a Él temeréis; Sus preceptos observaréis, y Su voz obedeceréis; a Él serviréis y a Él os apegaréis» (Deuteronomio 13:5).

אחרי יהוה אלהיכם תלכו ואתו תיראו ואת מצותיו תשמרו ובקלו תשמעו ואתו תעבדו ובו תדבקון

Elisha / אלישע

- **Fuente:** I Reyes 19:16
- **Valor intrínseco:** 6
- **Valor numérico –*guematria*–:** 411
- **Composición elemental:** א = elemento fuego, nivel alto; ל = elemento agua, nivel alto atenuado; י = elemento tierra, nivel alto atenuado; ש = elemento fuego, nivel medio atenuado; ע = elemento agua, nivel medio.
- **Estructura sensorial:** א = atributo amor; ל = atributo misericordia; י = atributo bondad; ש = atributo rigor; ע = atributo misericordia.
- **Versículo:** «A El Eterno, tu Dios, temerás, a Él servirás, a Él te apegarás y en Su Nombre jurarás» (Deuteronomio 10:20).

את יהוה אלהיך תירא אתו תעבד ובו תדבק ובשמו תשבע

Elkaná / אלקנה

- **Fuente:** I Samuel 1:1
- **Valor intrínseco:** 6
- **Valor numérico –*guematria*–:** 186
- **Composición elemental:** א = elemento fuego, nivel alto; ל = elemento agua, nivel alto atenuado; ק = elemento aire, nivel medio moderado; נ = elemento tierra, nivel medio; ה = elemento fuego, nivel alto moderado.
- **Estructura sensorial:** א = atributo amor; ל = atributo misericordia; ק = atributo rigor; נ = atributo misericordia; ה = atributo amor.
- **Versículo:** «Mis Shabat observaréis y Mi Santuario temeréis; Yo soy El Eterno» (Levítico 19:30).

את שבתתי תשמרו ומקדשי תיראו אני יהוה

Amnón / אמנון

- **Fuente:** II Samuel 3:2
- **Valor intrínseco:** 3
- **Valor numérico –*guematria*–:** 147

- **Composición elemental:** א = elemento fuego, nivel alto; מ = elemento fuego, nivel medio; נ = elemento tierra, nivel medio; ו = elemento tierra, nivel alto moderado; ן = elemento fuego, nivel bajo.
- **Estructura sensorial:** א = atributo amor; מ = atributo misericordia; נ = atributo misericordia; ו = atributo amor; ן = atributo misericordia.
- **Versículo:** «A El Eterno, vuestro Dios, seguiréis, y a Él temeréis; Sus preceptos observaréis, y Su voz obedeceréis; a Él serviréis y a Él os apegaréis» (Deuteronomio 13:5).

אחרי יהוה אלהיכם תלכו ואתו תיראו ואת מצותיו תשמרו ובקלו תשמעו ואתו תעבדו ובו תדבקון

Amitai / אמיתי

- **Fuente:** *véase* II Reyes 14:25
- **Valor intrínseco:** 2
- **Valor numérico –*guematria*–:** 461
- **Composición elemental:** א= elemento fuego, nivel alto; מ= elemento fuego, nivel medio; י= elemento tierra, nivel alto atenuado; ת= elemento tierra, nivel medio atenuado; י= elemento tierra, nivel alto atenuado.
- **Estructura sensorial:** א = atributo amor; מ = atributo misericordia; י = atributo bondad; ת = atributo rigor; י = atributo bondad.
- **Versículo:** «Vosotros habéis visto lo que le hice a Egipto, y que os he transportado sobre alas de águilas, y os he traído hacia Mí» (Éxodo 19:4).

אתם ראיתם אשר עשיתי למצרים ואשא אתכם על כנפי נשרים ואבא אתכם אלי

Asaf / אסף

- **Fuente:** I Crónicas 6:24
- **Valor intrínseco:** 6
- **Valor numérico –*guematria*–:** 141
- **Composición elemental:** א = elemento fuego, nivel alto; ס = elemento aire, nivel alto atenuado; ף = elemento aire, nivel bajo.
- **Estructura sensorial:** א = atributo amor; ס = atributo misericordia; ף = atributo rigor.

- **Versículo:** «La verdad brotará de la tierra, y la justicia observará desde los Cielos» (Salmos 85:12).

אמת מארץ תצמח וצדק משמים נשקף

Erez / ארז

- **Fuente:** *véase* Levítico 14:4, significa «cedro».
- **Valor intrínseco:** 1
- **Valor numérico –*guematria*–:** 208
- **Composición elemental:** א = elemento fuego, nivel alto; ר = elemento agua, nivel medio moderado; ז = elemento aire, nivel alto moderado.
- **Estructura sensorial:** א = atributo amor; ר = atributo rigor; ז = atributo bondad.
- **Versículo:** «Que el rey dio a los judíos que estaban en todas las ciudades –autorización– para que se reunieran y defendieran su vida, aprestados a destruir, y matar, y acabar con todo el ejército del pueblo o provincia que los afligiera, y aun sus niños y mujeres, y apoderarse de sus bienes» (Ester 8:11).

אשר נתן המלך ליהודים אשר בכל עיר ועיר להקהל ולעמד על נפשם להשמיד ולאבד את כל
חיל עם ומדינה הצרים אתם טף ונשים ושללם לבוז

Arie / אריה

- **Fuente:** *véase* Jueces 14:8, significa «león».
- **Valor intrínseco:** 9
- **Valor numérico –*guematria*–:** 216
- **Composición elemental:** א = elemento fuego, nivel alto; ר = elemento agua, nivel medio moderado; י = elemento tierra, nivel alto atenuado; ה = elemento fuego, nivel alto moderado.
- **Estructura sensorial:** א = atributo amor; ר = atributo rigor; י = atributo bondad; ה = atributo amor.

- **Versículo:** «Mis Shabat observaréis y Mi Santuario temeréis; Yo soy El Eterno» (Levítico 19:30).

את שבתתי תשמרו ומקדשי תיראו אני יהוה

Ariel / אריאל

- **Fuente:** Esdras 8:16
- **Valor intrínseco:** 8
- **Valor numérico –guematria–:** 242
- **Composición elemental:** א = elemento fuego, nivel alto; ר = elemento agua, nivel medio moderado; י = elemento tierra, nivel alto atenuado; א = elemento fuego, nivel alto; ל = elemento agua, nivel alto atenuado.
- **Estructura sensorial:** א = atributo amor; ר = atributo rigor; י = atributo bondad; א = atributo amor; ל = atributo misericordia.
- **Versículo:** «Vosotros estáis de pie hoy, todos vosotros, ante El Eterno, vuestro Dios; las cabezas de vuestras tribus, vuestros ancianos, y vuestros oficiales, todos los hombres de Israel» (Deuteronomio 29:9).

אתם נצבים היום כלכם לפני יהוה אלהיכם ראשיכם שבטיכם זקניכם ושטריכם כל איש ישראל

Asher / אשר

- **Fuente:** Éxodo 1:4
- **Valor intrínseco:** 6
- **Valor numérico –guematria–:** 501
- **Composición elemental:** א = elemento fuego, nivel alto; ש = elemento fuego, nivel medio atenuado; ר = elemento agua, nivel medio moderado.
- **Estructura sensorial:** א = atributo amor; ש = atributo rigor; ר = atributo rigor.
- **Versículo:** «El candelabro puro, sus lámparas, las lámparas del orden prescrito y todos sus utensilios, y el aceite de iluminación» (Éxodo 39:37).

את המנרה הטהרה את נרתיה נרת המערכה ואת כל כליה ואת שמן המאור

BET (ב)

Beeri / בארי

- **Fuente:** Oseas 1:1
- **Valor intrínseco:** 6
- **Valor numérico –*guematria*–:** 213
- **Composición elemental:** ב = elemento tierra, nivel alto; א = elemento fuego, nivel alto; ר = elemento agua, nivel medio moderado; י = elemento tierra, nivel alto atenuado.
- **Estructura sensorial:** ב = atributo amor; א = atributo amor; ר = atributo rigor; י = atributo bondad.
- **Versículo:** «En el tercer mes del éxodo de los Hijos de Israel de Egipto, en ese día, llegaron al desierto de Sinaí» (Éxodo 19:1).

בחדש השלישי לצאת בני ישראל מארץ מצרים ביום הזה באו מדבר סיני

Boaz / בועז

- **Fuente:** *véase* Rut 2:1
- **Valor intrínseco:** 4
- **Valor numérico –*guematria*–:** 85
- **Composición elemental:** ב = elemento tierra, nivel alto; ו = elemento tierra, nivel alto moderado; ע = elemento agua, nivel medio; ז = elemento aire, nivel alto moderado.
- **Estructura sensorial:** ב = atributo amor; ו = atributo amor; ע = atributo misericordia; ז = atributo bondad.
- **Versículo:** «Cuando salió Israel de Egipto; la Casa de Jacob, de pueblo extranjero» (Salmos 114:1).

בצאת ישראל ממצרים בית יעקב מעם לעז

Ben / בֶּן

- **Fuente:** I Crónicas 15:18
- **Valor intrínseco:** 7
- **Valor numérico** *–guematria–:* 52
- **Composición elemental:** ב = elemento tierra, nivel alto; ן = elemento fuego, nivel bajo.
- **Estructura sensorial:** ב = atributo amor; ן = atributo misericordia.
- **Versículo:** «Andad todo el camino que El Eterno vuestro Dios os ha ordenado, para que viváis y os vaya bien, y tengáis largos días en la tierra que habéis de poseer» (Deuteronomio 5:30).
בכל הדרך אשר צוה יהוה אלהיכם אתכם תלכו למען תחיון וטוב לכם והארכתם ימים בארץ אשר תירשון

Biniamín / בנימין

- **Fuente:** Génesis 35:18
- **Valor intrínseco:** 9
- **Valor numérico** *–guematria–:* 162
- **Composición elemental:** ב = elemento tierra, nivel alto; נ = elemento tierra, nivel medio; י = elemento tierra, nivel alto atenuado; מ = elemento fuego, nivel medio; י = elemento tierra, nivel alto atenuado; ן = elemento fuego, nivel bajo.
- **Estructura sensorial:** ב = atributo amor; נ = atributo misericordia; י = atributo bondad; מ = atributo misericordia; י = atributo bondad; ן = atributo misericordia.
- **Versículo:** «Andad todo el camino que El Eterno vuestro Dios os ha ordenado, para que viváis y os vaya bien, y tengáis largos días en la tierra que habéis de poseer» (Deuteronomio 5:30).
בכל הדרך אשר צוה יהוה אלהיכם אתכם תלכו למען תחיון וטוב לכם והארכתם ימים בארץ אשר תירשון

Betzalel / בצלאל

- **Fuente:** Éxodo 31:2
- **Valor intrínseco:** 9
- **Valor numérico –*guematria*–:** 153
- **Composición elemental:** ב = elemento tierra, nivel alto; צ = elemento tierra, nivel medio moderado; ל = elemento agua, nivel alto atenuado; א = elemento fuego, nivel alto; ל = elemento agua, nivel alto atenuado.
- **Estructura sensorial:** ב = atributo amor; צ = atributo rigor; ל = atributo misericordia; א = atributo amor; ל = atributo misericordia.
- **Versículo:** «En la Tienda de la Reunión, afuera de la Partición que está junto al Testimonio, Aarón y sus hijos la ordenarán desde la noche hasta la mañana, ante El Eterno; decreto eterno para las generaciones de los Hijos de Israel» (Éxodo 27:21).

באהל מועד מחוץ לפרכת אשר על העדת יערך אתו אהרן ובניו מערב עד בקר לפני יהוה חקת עולם לדרתם מאת בני ישראל

Baruj / ברוך

- **Fuente:** Jeremías 32:12
- **Valor intrínseco:** 3
- **Valor numérico –*guematria*–:** 228
- **Composición elemental:** ב = elemento tierra, nivel alto; ר = elemento agua, nivel medio moderado; ו = elemento tierra, nivel alto moderado; ך = elemento aire, nivel medio atenuado.
- **Estructura sensorial:** ב = atributo amor; ר = atributo rigor; ו = atributo amor; ך = atributo misericordia.
- **Versículo:** «Serás el más bendito de todos los pueblos; no habrá hombre estéril ni mujer estéril entre vosotros ni entre vuestros animales» (Deuteronomio 7:14).

ברוך תהיה מכל העמים לא יהיה בך עקר ועקרה ובבהמתך

Barak / ברק

- **Fuente:** Jueces 4:6
- **Valor intrínseco:** 5
- **Valor numérico** *–guematria–:* 302
- **Composición elemental:** ב = elemento tierra, nivel alto; ר = elemento agua, nivel medio moderado; ק = elemento aire, nivel medio moderado.
- **Estructura sensorial:** ב = atributo amor; ר = atributo rigor; ק = atributo rigor.
- **Versículo:** «Al tercer día, Abraham alzó sus ojos y vio el lugar desde lejos» (Génesis 22:4).

ביום השלישי וישא אברהם את עיניו וירא את המקום מרחק

GUIMEL (ג)

Gabriel / גבריאל

- **Fuente:** Daniel 8:16
- **Valor intrínseco:** 3
- **Valor numérico –*guematria*–:** 246
- **Composición elemental:** ג = elemento aire, nivel alto; ב = elemento tierra, nivel alto; ר = elemento agua, nivel medio moderado; י = elemento tierra, nivel alto atenuado; א = elemento fuego, nivel alto; ל = elemento agua, nivel alto atenuado.
- **Estructura sensorial:** ג = atributo amor; ב = atributo amor; ר = atributo rigor; י = atributo bondad; א = atributo amor; ל = atributo misericordia.
- **Versículo:** «Nuestro Redentor, El Eterno de los ejércitos es su nombre, el Santo de Israel» (Isaías 47:4).

גאלנו יהוה צבאות שמו קדוש ישראל

Gad / גד

- **Fuente:** Génesis 30:11
- **Valor intrínseco:** 7
- **Valor numérico –*guematria*–:** 7
- **Composición elemental:** ג = elemento aire, nivel alto; ד = elemento agua, nivel alto.
- **Estructura sensorial:** ג = atributo amor; ד = atributo amor.
- **Versículo:** «La soberbia del hombre lo abate; pero al humilde de espíritu lo sustenta la honra» (Proverbios 29:23).

גאות אדם תשפילנו ושפל רוח יתמך כבוד

Gadi / גדי

- **Fuente:** II Reyes 15:14
- **Valor intrínseco:** 8
- **Valor numérico** –*guematria*–: 17
- **Composición elemental:** ג = elemento aire, nivel alto; ד = elemento agua, nivel alto; י = elemento tierra, nivel alto atenuado.
- **Estructura sensorial:** ג = atributo amor; ד = atributo amor; י = atributo bondad.
- **Versículo:** «Tomad incluso vuestras ovejas y hasta vuestros vacunos, tal como habéis hablado, e idos y bendecidme también» (Éxodo 12:32).

גם צאנכם גם בקרכם קחו כאשר דברתם ולכו וברכתם גם אתי

Guidón / גדעון

- **Fuente:** Jueces 6:27
- **Valor intrínseco:** 7
- **Valor numérico** –*guematria*–: 133
- **Composición elemental:** ג = elemento aire, nivel alto; ד = elemento agua, nivel alto; ע = elemento agua, nivel medio; ו = elemento tierra, nivel alto moderado; ן = elemento fuego, nivel bajo.
- **Estructura sensorial:** ג = atributo amor; ד = atributo amor; ע = atributo misericordia; ו = atributo amor; ן = atributo misericordia.
- **Versículo:** «Aun el necio, cuando calla, es considerado sabio; el que cierra sus labios es entendido» (Proverbios 17:28).

גם אויל מחריש חכם יחשב אטם שפתיו נבון

Guil / גיל

- **Fuente:** *véase* Oseas 9:1, significa «contento».
- **Valor intrínseco:** 7
- **Valor numérico** –*guematria*–: 43
- **Composición elemental:** ג = elemento aire, nivel alto; י = elemento tierra, nivel alto atenuado; ל = elemento agua, nivel alto atenuado.

- **Estructura sensorial:** ג = atributo amor; י = atributo bondad; ל = atributo misericordia.
- **Versículo:** «Nuestro Redentor, El Eterno de los ejércitos es su nombre, el Santo de Israel» (Isaías 47:4).

גאלנו יהוה צבאות שמו קדוש ישראל

Guilad / גלעד

- **Fuente:** *véase* Jueces 11:1
- **Valor intrínseco:** 8
- **Valor numérico –*guematria*–:** 107
- **Composición elemental:** ג = elemento aire, nivel alto; ל = elemento agua, nivel alto atenuado; ע = elemento agua, nivel medio; ד = elemento agua, nivel alto.
- **Estructura sensorial:** ג = atributo amor; ל = atributo misericordia; ע = atributo misericordia; ד = atributo amor.
- **Versículo:** «La soberbia del hombre lo abate; pero al humilde de espíritu lo sustenta la honra» (Proverbios 29:23).

גאות אדם תשפילנו ושפל רוח יתמך כבוד

Gamliel / גמליאל

- **Fuente:** Números 2:20
- **Valor intrínseco:** 6
- **Valor numérico –*guematria*–:** 114
- **Composición elemental:** ג = elemento aire, nivel alto; מ = elemento fuego, nivel medio; ל = elemento agua, nivel alto atenuado; י = elemento tierra, nivel alto atenuado; א = elemento fuego, nivel alto; ל = elemento agua, nivel alto atenuado.
- **Estructura sensorial:** ג = atributo amor; מ = atributo misericordia; ל = atributo misericordia; י = atributo bondad; א = atributo amor; ל = atributo misericordia.
- **Versículo:** «Nuestro Redentor, El Eterno de los ejércitos es su nombre, el Santo de Israel» (Isaías 47:4).

גאלנו יהוה צבאות שמו קדוש ישראל

Guershon / גרשון

- **Fuente:** Génesis 46:11
- **Valor intrínseco**: 1
- **Valor numérico –*guematria*–:** 559
- **Composición elemental:** ג = elemento aire, nivel alto; ר = elemento agua, nivel medio moderado; ש = elemento fuego, nivel medio atenuado; ו = elemento tierra, nivel alto moderado; ן = elemento fuego, nivel bajo.
- **Estructura sensorial:** ג = atributo amor; ר = atributo rigor; ש = atributo rigor; ו = atributo amor; ן = atributo misericordia.
- **Versículo:** «Aun el necio, cuando calla, es considerado sabio; el que cierra sus labios es entendido» (Proverbios 17:28).

גם אויל מחריש חכם יחשב אטם שפתיו נבון

Nombres que comienzan con

DALET (ד)

Dov / דב

- **Fuente:** *véase* II Reyes 2:24, significa «oso».
- **Valor intrínseco:** 6
- **Valor numérico –*guematria*–:** 6
- **Composición elemental:** ד = elemento agua, nivel alto; ב = elemento tierra, nivel alto.
- **Estructura sensorial:** ד = atributo amor; ב = atributo amor.
- **Versículo:** «Buscad a El Eterno mientras puede ser hallado, invocadlo en tanto que está cercano» (Isaías 55:6).

דרשו יהוה בהמצאו קראהו בהיותו קרוב

David / דוד

- **Fuente:** I Samuel 16:13
- **Valor intrínseco:** 5
- **Valor numérico –*guematria*–:** 14
- **Composición elemental:** ד = elemento agua, nivel alto; ו = elemento tierra, nivel alto moderado; ד = elemento agua, nivel alto.
- **Estructura sensorial:** ד = atributo amor; ו = atributo amor; ד = atributo amor.
- **Versículo:** «Buscad a El Eterno y su poder; solicitad siempre su rostro» (Salmos 105:4).

דרשו יהוה ועזו בקשו פניו תמיד

Dorón / דורון

- **Fuente:** *véase* Números 28:26, Targum Ionatan, significa «regalo».

- **Valor intrínseco:** 5
- **Valor numérico –*guematria*–:** 266
- **Composición elemental:** ד = elemento agua, nivel alto; ו = elemento tierra, nivel alto moderado; ר = elemento agua, nivel medio moderado; ו = elemento tierra, nivel alto moderado; ן = elemento fuego, nivel bajo.
- **Estructura sensorial:** ד = atributo amor; ו = atributo amor; ר = atributo rigor; ו = atributo amor; ן = atributo misericordia.
- **Versículo:** «Háblales a los Hijos de Israel y diles: cuando entréis a la Tierra que os doy y recolectéis su cosecha, traeréis la medida de un *omer* de vuestra primera cosecha al sacerdote» (Levítico 23:10).

דבר אל בני ישראל ואמרת אלהם כי תבאו אל הארץ אשר אני נתן לכם וקצרתם את קצירה והבאתם את עמר ראשית קצירכם אל הכהן

Dan / דן

- **Fuente:** Génesis 30:6
- **Valor intrínseco:** 9
- **Valor numérico –*guematria*–:** 54
- **Composición elemental:** ד = elemento agua, nivel alto; ן = elemento fuego, nivel bajo.
- **Estructura sensorial:** ד = atributo amor; ן = atributo misericordia.
- **Versículo:** «Háblales a los Hijos de Israel y diles: cuando entréis a la Tierra que os doy y recolectéis su cosecha, traeréis la medida de un *omer* de vuestra primera cosecha al sacerdote» (Levítico 23:10).

דבר אל בני ישראל ואמרת אלהם כי תבאו אל הארץ אשר אני נתן לכם וקצרתם את קצירה והבאתם את עמר ראשית קצירכם אל הכהן

Daniel / דניאל

- **Fuente:** Daniel 1:10
- **Valor intrínseco:** 5
- **Valor numérico –*guematria*–:** 95

- **Composición elemental:** ד = elemento agua, nivel alto; נ = elemento tierra, nivel medio; י = elemento tierra, nivel alto atenuado; א = elemento fuego, nivel alto; ל = elemento agua, nivel alto atenuado.

- **Estructura sensorial:** ד = atributo amor; נ = atributo misericordia; י = atributo bondad; א = atributo amor; ל = atributo misericordia.

- **Versículo:** «Buscad a El Eterno, y vivid; no sea que acometa como fuego a la casa de José y la consuma, sin haber en Bet El quien lo apague» (Amós 5:7).

דרשו את יהוה וחיו פן יצלח כאש בית יוסף ואכלה ואין מכבה לבית אל

Nombres que comienzan con

HE (ה)

Hoshea / הושע

- **Fuente:** Números 13:8
- **Valor intrínseco:** 3
- **Valor numérico –*guematria*–:** 381
- **Composición elemental:** ה = elemento fuego, nivel alto modera-do; ו = elemento tierra, nivel alto moderado; ש = elemento fuego, nivel medio atenuado; ע = elemento agua, nivel medio.
- **Estructura sensorial:** ה = atributo amor; ו = atributo amor; ש = atributo rigor; ע = atributo misericordia.
- **Versículo:** «Los Cielos narran la gloria de Dios, y el Firmamento anuncia la obra de Sus manos» (Salmos 19:2).

השמים מספרים כבוד אל ומעשה ידיו מגיד הרקיע

Hilel / הלל

- **Fuente:** Jueces 12:13
- **Valor intrínseco:** 2
- **Valor numérico –*guematria*–:** 65
- **Composición elemental:** ה = elemento fuego, nivel alto modera-do; ל = elemento agua, nivel alto atenuado; ל = elemento agua, nivel alto atenuado.
- **Estructura sensorial:** ה = atributo amor; ל = atributo misericor-dia; ל = atributo misericordia.
- **Versículo:** «Vanidad de vanidades, dijo el Predicador; vanidad de vanidades, todo es vanidad» (Eclesiastés 1:2).

הבל הבלים אמר קהלת הבל הבלים הכל הבל

Harán / הרן

- **Fuente:** Génesis 11:26
- **Valor intrínseco:** 3
- **Valor numérico –*guematria*–:** 255
- **Composición elemental:** ה = elemento fuego, nivel alto moderado; ר = elemento agua, nivel medio moderado; ן = elemento fuego, nivel bajo.
- **Estructura sensorial:** ה = atributo amor; ר = atributo rigor; ן = atributo misericordia.
- **Versículo:** «¿Acaso hay algo que esté por encima de El Eterno? En el tiempo designado regresaré a ti el próximo año en esta época, y Sara tendrá un hijo» (Génesis 18:14).

היפלא מיהוה דבר למועד אשוב אליך כעת חיה ולשרה בן

Nombres que comienzan con
VAV (ו)

Vofsi / ופסי

- **Fuente:** Números 13:14
- **Valor intrínseco:** 3
- **Valor numérico –*guematria*–:** 156
- **Composición elemental:** ו = elemento tierra, nivel alto moderado; פ = elemento fuego, nivel medio moderado; ס = elemento aire, nivel alto atenuado; י = elemento tierra, nivel alto atenuado.
- **Estructura sensorial:** ו = atributo amor; פ = atributo rigor; ס = atributo misericordia; י = atributo bondad.
- **Versículo:** «Y todas las naciones de la tierra se bendecirán en tu descendencia, porque escuchaste Mi voz» (Génesis 22:18).

והתברכו בזרעך כל גויי הארץ עקב אשר שמעת בקלי

ZAIN (ז)

Zeev / זאב

- **Fuente:** *véase* Génesis 49:27, significa «lobo».
- **Valor intrínseco:** 1
- **Valor numérico –*guematria*–:** 10
- **Composición elemental:** ז = elemento aire, nivel alto moderado; א = elemento fuego, nivel alto; ב = elemento tierra, nivel alto.
- **Estructura sensorial:** ז = atributo bondad; א = atributo amor; ב = atributo amor.
- **Versículo:** «La memoria del justo será una bendición; mas el nombre de los impíos se pudrirá» (Proverbios 10:7).

זכר צדיק לברכה ושם רשעים ירקב

Zebulún / זבולן

- **Fuente:** Génesis 35:23
- **Valor intrínseco:** 5
- **Valor numérico –*guematria*–:** 95
- **Composición elemental:** ז = elemento aire, nivel alto moderado; ב = elemento tierra, nivel alto; ו = elemento tierra, nivel alto moderado; ל = elemento agua, nivel alto atenuado; ן = elemento fuego, nivel bajo.
- **Estructura sensorial:** ז = atributo bondad; ב = atributo amor; ו = atributo amor; ל = atributo misericordia; ן = atributo misericordia.
- **Versículo:** «Zebulún se asentará en las costas; estará en el puerto del navío y su último límite llegará hasta Sidón» (Génesis 49:13).

זבולן לחוף ימים ישכן והוא לחוף אנית וירכתו על צידן

Ziv / זיו

- **Fuente:** *véase* I Reyes 6:1, significa «resplandor».
- **Valor intrínseco:** 5
- **Valor numérico –*guematria*–:** 23
- **Composición elemental:** ז = elemento aire, nivel alto moderado; י = elemento tierra, nivel alto atenuado; ו = elemento tierra, nivel alto moderado.
- **Estructura sensorial:** ז = atributo bondad; י = atributo bondad; ו = atributo amor.
- **Versículo:** «Recuerda el día de Shabat, para santificarlo» (Éxodo 20:8).

זכור את יום השבת לקדשו

Zejaria / זכריה

- **Fuente:** II Reyes 14:29
- **Valor intrínseco:** 8
- **Valor numérico –*guematria*–:** 242
- **Composición elemental:** ז = elemento aire, nivel alto moderado; כ = elemento aire, nivel medio; ר = elemento agua, nivel medio moderado; י = elemento tierra, nivel alto atenuado; ה = elemento fuego, nivel alto moderado.
- **Estructura sensorial:** ז = atributo bondad; כ = atributo misericordia; ר = atributo rigor; י = atributo bondad; ה = atributo amor.
- **Versículo:** «Esto dará todo el que pase por el conteo; medio siclo, conforme al siclo del santuario; el siclo es de veinte gueras; medio siclo será la ofrenda a El Eterno» (Éxodo 30:13).

זה יתנו כל העבר על הפקדים מחצית השקל בשקל הקדש עשרים גרה השקל מחצית השקל תרומה ליהוה

Zimri / זמרי

- **Fuente:** Números 25:14
- **Valor intrínseco:** 5
- **Valor numérico –*guematria*–:** 257

- **Composición elemental:** ז = elemento aire, nivel alto moderado; מ = elemento fuego, nivel medio; ר = elemento agua, nivel medio moderado; י = elemento tierra, nivel alto atenuado.
- **Estructura sensorial:** ז = atributo bondad; מ = atributo misericordia; ר = atributo rigor; י = atributo bondad.
- **Versículo:** «Esto tuve, porque guardé tus ordenanzas» (Salmos 119:56).

זאת היתה לי כי פקדיך נצרתי

Zamir / זמיר

- **Fuente:** *véase* I Crónicas 7:8
- **Valor intrínseco:** 5
- **Valor numérico –*guematria*–:** 257
- **Composición elemental:** ז = elemento aire, nivel alto moderado; מ = elemento fuego, nivel medio; י = elemento tierra, nivel alto atenuado; ר = elemento agua, nivel medio moderado.
- **Estructura sensorial:** ז = atributo bondad; מ = atributo misericordia; י = atributo bondad; ר = atributo rigor.
- **Versículo:** «Éste es Mi pacto que quedará entre vosotros, vuestra futura descendencia y Yo: todo varón de entre vosotros será circuncidado» (Génesis 17:10).

זאת בריתי אשר תשמרו ביני וביניכם ובין זרעך אחריך המול לכם כל זכר

Zakai / זכאי

- **Fuente:** Talmud, *véase* tratado de Berajot 17a
- **Valor intrínseco:** 2
- **Valor numérico –*guematria*–:** 38
- **Composición elemental:** ז = elemento aire, nivel alto moderado; כ = elemento aire, nivel medio; א = elemento fuego, nivel alto; י = elemento tierra, nivel alto atenuado.
- **Estructura sensorial:** ז = atributo bondad; כ = atributo misericordia; א = atributo amor; י = atributo bondad.
- **Versículo:** «Esto tuve, porque guardé tus ordenanzas» (Salmos 119:56).

זאת היתה לי כי פקדיך נצרתי

Nombres que comienzan con

JET (ח)

Jabib / חביב

- **Fuente:** Talmud, *véase* tratado de Berajot 39a, significa «querido».
- **Valor intrínseco:** 4
- **Valor numérico –*guematria*–:** 22
- **Composición elemental:** ח = elemento agua, nivel alto moderado; ב = elemento tierra, nivel alto; י = elemento tierra, nivel alto atenuado; ב = elemento tierra, nivel alto.
- **Estructura sensorial:** ח = atributo bondad; ב = atributo amor; י = atributo bondad; ב = atributo amor.
- **Versículo:** «El mal perseguirá a los pecadores, mas los justos serán bien recompensados» (Proverbios 13:21).

חטאים תרדף רעה ואת צדיקים ישלם טוב

Jever / חבר

- **Fuente:** Génesis 46:17
- **Valor intrínseco:** 3
- **Valor numérico –*guematria*–:** 210
- **Composición elemental:** ח = elemento agua, nivel alto moderado; ב = elemento tierra, nivel alto; ר = elemento agua, nivel medio moderado.
- **Estructura sensorial:** ח = atributo bondad; ב = atributo amor; ר = atributo rigor.
- **Versículo:** «Mantequilla de vacas y leche de ovejas, con grosura de corderos, y carneros de Bashán; también machos cabríos,

con lo selecto del trigo; y de la sangre de la uva bebiste vino»
(Deuteronomio 32:14).

חמאת בקר וחלב צאן עם חלב כרים ואילים בני בשן ועתודים עם חלב כליות חטה ודם ענב תשתה חמר

Jagai / חגי

- **Fuente:** Hageo 1:1
- **Valor intrínseco:** 3
- **Valor numérico –*guematria*–:** 21
- **Composición elemental:** ח = elemento agua, nivel alto modera-
  do; ג = elemento aire, nivel alto; י = elemento tierra, nivel alto
  atenuado.
- **Estructura sensorial:** ח = atributo bondad; ג = atributo amor;
  י = atributo bondad.
- **Versículo:** «Tu misericordia, El Eterno, llena la Tierra; enséñame
  Tus estatutos» (Salmos 119:64).

חסדך יהוה מלאה הארץ חקיך למדני

Jizkia / חזקיה

- **Fuente:** II Reyes 18:1
- **Valor intrínseco:** 4
- **Valor numérico –*guematria*–:** 130
- **Composición elemental:** ח = elemento agua, nivel alto moderado; ז = elemento aire, nivel alto moderado; ק = elemento aire,
  nivel medio moderado; י = elemento tierra, nivel alto atenuado;
  ה = elemento fuego, nivel alto moderado.
- **Estructura sensorial:** ח = atributo bondad; ז = atributo bondad;
  ק = atributo rigor; י = atributo bondad; ה = atributo amor.
- **Versículo:** «Cinco cortinas estarán unidas entre sí, y cinco cortinas estarán unidas entre sí» (Éxodo 26:3).

חמש היריעת תהיין חברת אשה אל אחתה וחמש יריעת חברת אשה אל אחתה

Jaim / חיים

- **Fuente:** *véase* Génesis 2:7, significa «vida».
- **Valor intrínseco:** 5
- **Valor numérico –*guematria*–:** 68
- **Composición elemental:** ח = elemento agua, nivel alto modera-do; י = elemento tierra, nivel alto atenuado; י = elemento tierra, nivel alto atenuado; ם = elemento agua, nivel bajo.
- **Estructura sensorial:** ח = atributo bondad; י = atributo bondad; י = atributo bondad; ם = atributo misericordia.
- **Versículo:** «Vivo Yo, dice El Señor, Dios, que con mano fuerte y brazo extendido, e ira derramada, he de reinar sobre vosotros» (Ezequiel 20:33).

חי אני נאם אדני יהוה אם לא ביד חזקה ובזרוע נטויה ובחמה שפוכה אמלוך עליכם

Janoj / חנוך

- **Fuente:** Génesis 5:18
- **Valor intrínseco:** 3
- **Valor numérico –*guematria*–:** 84
- **Composición elemental:** ח = elemento agua, nivel alto modera-do; נ = elemento tierra, nivel medio; ו = elemento tierra, nivel alto moderado; ך = elemento aire, nivel medio atenuado.
- **Estructura sensorial:** ח = atributo bondad; נ = atributo miseri-cordia; ו = atributo amor; ך = atributo misericordia.
- **Versículo:** «Sed fuertes y valientes, no tengáis miedo y no os quebrantéis ante ellos, pues El Eterno, tu Dios, Él es quien va contigo, Él no te dejará ni te abandonará» (Deuteronomio 31:6).

חזקו ואמצו אל תיראו ואל תערצו מפניהם כי יהוה אלהיך הוא ההלך עמך
לא ירפך ולא יעזבך

Janán / חנן

- **Fuente:** I Crónicas 11:43
- **Valor intrínseco:** 9

- **Valor numérico –*guematria*–:** 108
- **Composición elemental:** ח = elemento agua, nivel alto moderado; נ = elemento tierra, nivel medio; ן = elemento fuego, nivel bajo.
- **Estructura sensorial:** ח = atributo bondad; נ = atributo misericordia; ן = atributo misericordia.
- **Versículo:** «El malvado codicia la red de los malos; mas la raíz de los justos producirá» (Proverbios 12:12).

חמד רשע מצוד רעים ושרש צדיקים יתן

Jananel / חננאל

- **Fuente:** Jeremías 31:37
- **Valor intrínseco:** 4
- **Valor numérico –*guematria*–:** 139
- **Composición elemental:** ח = elemento agua, nivel alto moderado; נ = elemento tierra, nivel medio; נ = elemento tierra, nivel medio; א = elemento fuego, nivel alto; ל = elemento agua, nivel alto atenuado.
- **Estructura sensorial:** ח = atributo bondad; נ = atributo misericordia; נ = atributo misericordia; א = atributo amor; ל = atributo misericordia.
- **Versículo:** «Vivo Yo, dice El Señor, Dios, que ya no tendréis que utilizar más este proverbio en Israel» (Ezequiel 18:3).

חי אני נאם אדני יהוה אם יהיה לכם עוד משל המשל הזה בישראל

Janina / חנינא

- **Fuente:** Talmud, *véase* tratado de Berajot 2b
- **Valor intrínseco:** 2
- **Valor numérico –*guematria*–:** 119
- **Composición elemental:** ח = elemento agua, nivel alto moderado; נ = elemento tierra, nivel medio; י = elemento tierra, nivel alto atenuado; נ = elemento tierra, nivel medio; א = elemento fuego, nivel alto.

- **Estructura sensorial:** ח = atributo bondad; נ = atributo misericordia; י = atributo bondad; נ = atributo misericordia; א = atributo amor.

- **Versículo:** «Vivo Yo, dice el Rey, cuyo nombre es El Eterno de los ejércitos, que como Tabor entre los montes, y como Carmel junto al mar, así vendrá» (Jeremías 46:18).

חי אני נאם המלך יהוה צבאות שמו כי כתבור בהרים וככרמל בים יבוא

Nombres que comienzan con

TET (ט)

Tob / טוב

- **Fuente:** II Crónicas 17:8
- **Valor intrínseco:** 8
- **Valor numérico –guematria–:** 17
- **Composición elemental:** ט = elemento fuego, nivel alto atenuado; ו = elemento tierra, nivel alto moderado; ב = elemento tierra, nivel alto.
- **Estructura sensorial:** ט = atributo bondad; ו = atributo amor; ב = atributo amor.
- **Versículo:** «Mejor es un trozo de pan seco, y en paz, que casa de contiendas llena de carne» (Proverbios 17:1).

טוב פת חרבה ושלוה בה מבית מלא זבחי ריב

Tubia / טוביה

- **Fuente:** está formado por *tob*, que significa «bueno», más el Nombre de Dios *Ia*; *véase* Génesis 1:4, y *véase* Éxodo 17:16.
- **Valor intrínseco:** 5
- **Valor numérico –guematria–:** 32
- **Composición elemental:** ט = elemento fuego, nivel alto atenuado; ו = elemento tierra, nivel alto moderado; ב = elemento tierra, nivel alto; י = elemento tierra, nivel alto atenuado; ה = elemento fuego, nivel alto moderado.
- **Estructura sensorial:** ט = atributo bondad; ו = atributo amor; ב = atributo amor; י = atributo bondad; ה = atributo amor.

- **Versículo:** «El perezoso no trabaja y mete su mano en el plato todo el día y finalmente ni aun a su boca la llevará pues no encontrará nada siquiera pegado al fondo» (Proverbios 19:24).

טמן עצל ידו בצלחת גם אל פיהו לא ישיבנה

Nombres que comienzan con

IUD (י)

Iair / יאיר

- **Fuente:** Números 32:41
- **Valor intrínseco:** 5
- **Valor numérico –*guematria*–:** 221
- **Composición elemental:** י = elemento tierra, nivel alto atenuado; א = elemento fuego, nivel alto; י = elemento tierra, nivel alto atenuado; ר = elemento agua, nivel medio moderado.
- **Estructura sensorial:** י = atributo bondad; א = atributo amor; י = atributo bondad; ר = atributo rigor.
- **Versículo:** «Lo hacía cabalgar en las alturas de la Tierra y le hacía comer los frutos maduros de los campos; le dio de sorber miel de una piedra, y aceite de una roca dura» (Deuteronomio 32:13).

  ירכבהו על במותי ארץ ויאכל תנובת שדי ויניקהו דבש מסלע ושמן מחלמיש צור

Igal / יגאל

- **Fuente:** Números 13:7
- **Valor intrínseco:** 8
- **Valor numérico –*guematria*–:** 44
- **Composición elemental:** י = elemento tierra, nivel alto atenuado; ג = elemento aire, nivel alto; א = elemento fuego, nivel alto; ל = elemento agua, nivel alto atenuado.
- **Estructura sensorial:** י = atributo bondad; ג = atributo amor; א = atributo amor; ל = atributo misericordia.

- **Versículo:** «Josué hijo de Nun, que está ante ti, él irá allá; fortalécelo, pues él hará que Israel la herede» (Deuteronomio 1:38).

יהושע בן נון העמד לפניך הוא יבא שמה אתו חזק כי הוא ינחלנה את ישראל

Iedidia / ידידיה

- **Fuente:** II Samuel 12:25
- **Valor intrínseco:** 7
- **Valor numérico –guematria–:** 43
- **Composición elemental:**
- י = elemento tierra, nivel alto atenuado; ד = elemento agua, nivel
  alto; י = elemento tierra, nivel alto atenuado; ד = elemento agua,
  nivel alto; י = elemento tierra, nivel alto atenuado; ה = elemento
  fuego, nivel alto moderado.
- **Estructura sensorial:** י = atributo bondad; ד = atributo amor;
  י = atributo bondad; ד = atributo amor; י = atributo bondad;
  ה = atributo amor.
- **Versículo:** «El Eterno abrirá para ti Su tesoro de bondad, los
  Cielos, para procurar lluvias para tu Tierra en su tiempo, y para
  bendecir toda la obra de tus manos; les prestarás a muchas naciones, pero no pedirás prestado» (Deuteronomio 28:12).

יפתח יהוה לך את אוצרו הטוב את השמים לתת מטר ארצך בעתו ולברך את כל מעשה ידך והלוית גוים
רבים ואתה לא תלוה

Iehuda / יהודה

- **Fuente:** Génesis 29:35
- **Valor intrínseco:** 3
- **Valor numérico –guematria–:** 30
- **Composición elemental:** י = elemento tierra, nivel alto atenuado; ה = elemento fuego, nivel alto moderado; ו = elemento tierra,
  nivel alto moderado; ד = elemento agua, nivel alto; ה = elemento
  fuego, nivel alto moderado.

- **Estructura sensorial:** י = atributo bondad; ה = atributo amor; ו = atributo amor; ד = atributo amor; ה = atributo amor.
- **Versículo:** «El Eterno abrirá para ti Su tesoro de bondad, los Cielos, para procurar lluvias para tu Tierra en su tiempo, y para bendecir toda la obra de tus manos; les prestarás a muchas naciones, pero no pedirás prestado» (Deuteronomio 28:12).

יפתח יהוה לך את אוצרו הטוב את השמים לתת מטר ארצך בעתו ולברך את כל מעשה ידך והלוית גוים רבים ואתה לא תלוה

lehoiadá / יהוידע

- **Fuente:** II Reyes 11:4
- **Valor intrínseco:** 6
- **Valor numérico –*guematria*–:** 105
- **Composición elemental:** י = elemento tierra, nivel alto atenuado; ה = elemento fuego, nivel alto moderado; ו = elemento tierra, nivel alto moderado; י = elemento tierra, nivel alto atenuado; ד = elemento agua, nivel alto; ע = elemento agua, nivel medio.
- **Estructura sensorial:** י = atributo bondad; ה = atributo amor; ו = atributo amor; י = atributo bondad; ד = atributo amor; ע = atributo misericordia.
- **Versículo:** «El temor de El Eterno es para vida, y para dormir saciado sin ser visitado por el mal» (Proverbios 19:23).

יראת יהוה לחיים ושבע ילין בל יפקד רע

lehonadav / יהונדב

- **Fuente:** II Reyes 10:15
- **Valor intrínseco:** 5
- **Valor numérico –*guematria*–:** 77
- **Composición elemental:** י = elemento tierra, nivel alto atenuado; ה = elemento fuego, nivel alto moderado; ו = elemento tierra, nivel alto moderado; נ = elemento tierra, nivel medio; ד = elemento agua, nivel alto; ב = elemento tierra, nivel alto.

- **Estructura sensorial:** י = atributo bondad; ה = atributo amor; ו = atributo amor; נ = atributo misericordia; ד = atributo amor; ב = atributo amor.
- **Versículo:** «El Eterno, nuestro Dios, estableció un pacto con nosotros en Jorev» (Deuteronomio 5:2).

יהוה אלהינו כרת עמנו ברית בחרב

Iehonatán / יהונתן

- **Fuente:** I Samuel 14:6
- **Valor intrínseco:** 8
- **Valor numérico –guematria–:** 521
- **Composición elemental:** י = elemento tierra, nivel alto atenuado; ה = elemento fuego, nivel alto moderado; ו = elemento tierra, nivel alto moderado; נ = elemento tierra, nivel medio; ת = elemento tierra, nivel medio atenuado; ן = elemento fuego, nivel bajo.
- **Estructura sensorial:** י = atributo bondad; ה = atributo amor; ו = atributo amor; נ = atributo misericordia; ת = atributo rigor; ן = atributo misericordia.
- **Versículo:** «El Eterno librará batalla por vosotros, y vosotros permaneceréis en silencio» (Éxodo 14:14).

יהוה ילחם לכם ואתם תחרשון

Iehoram / יהורם

- **Fuente:** I Reyes 22:51
- **Valor intrínseco:** 9
- **Valor numérico –guematria–:** 261
- **Composición elemental:** י = elemento tierra, nivel alto atenuado; ה = elemento fuego, nivel alto moderado; ו = elemento tierra, nivel alto moderado; ר = elemento agua, nivel medio moderado; ם = elemento agua, nivel bajo.

- **Estructura sensorial:** י = atributo bondad; ה = atributo amor; ו = atributo amor; ר = atributo rigor; ם = atributo misericordia.
- **Versículo:** «Que El Eterno, el Dios de vuestros antepasados, os agregue mil veces a vosotros mismos como lo que sois y os bendiga tal como Él ha hablado de vosotros» (Deuteronomio 1:11).

יהוה אלהי אבותכם יסף עליכם ככם אלף פעמים ויברך אתכם כאשר דבר לכם

Iehoshúa / יהושע

- **Fuente:** Éxodo 17:9
- **Valor intrínseco:** 4
- **Valor numérico –guematria–:** 391
- **Composición elemental:** י = elemento tierra, nivel alto atenuado; ה = elemento fuego, nivel alto moderado; ו = elemento tierra, nivel alto moderado; ש = elemento fuego, nivel medio atenuado; ע = elemento agua, nivel medio.
- **Estructura sensorial:** י = atributo bondad; ה = atributo amor; ו = atributo amor; ש = atributo rigor; ע = atributo misericordia.
- **Versículo:** «El temor de El Eterno es para vivir, y para dormir saciado sin ser visitado por el mal» (Proverbios 19:23).

יראת יהוה לחיים ושבע ילין בל יפקד רע

Iehoshafat / יהושפט

- **Fuente:** I Reyes 15:24
- **Valor intrínseco:** 5
- **Valor numérico –guematria–:** 410
- **Composición elemental:** י = elemento tierra, nivel alto atenuado; ה = elemento fuego, nivel alto moderado; ו = elemento tierra, nivel alto moderado; ש = elemento fuego, nivel medio atenuado; פ = elemento fuego, nivel medio moderado; ט = elemento fuego, nivel alto atenuado.

- **Estructura sensorial:** י = atributo bondad; ה = atributo amor; ו = atributo amor; שׂ = atributo rigor; פ = atributo rigor; ט = atributo bondad.
- **Versículo:** «Juzgará a tu pueblo con justicia, y a tus afligidos con juicio» (Salmos 72:2).

ידין עמך בצדק וענייך במשפט

Ioav / יואב

- **Fuente:** I Samuel 26:6
- **Valor intrínseco:** 1
- **Valor numérico –*guematria*–:** 19
- **Composición elemental:** י = elemento tierra, nivel alto atenuado; ו = elemento tierra, nivel alto moderado; א = elemento fuego, nivel alto; ב = elemento tierra, nivel alto.
- **Estructura sensorial:** י = atributo bondad; ו = atributo amor; א = atributo amor; ב = atributo amor.
- **Versículo:** «El Eterno, nuestro Dios, estableció un pacto con nosotros en Jorev» (Deuteronomio 5:2).

יהוה אלהינו כרת עמנו ברית בחרב

Ioel / יואל

- **Fuente:** Joel 1:1
- **Valor intrínseco:** 2
- **Valor numérico –*guematria*–:** 47
- **Composición elemental:** י = elemento tierra, nivel alto atenuado; ו = elemento tierra, nivel alto moderado; א = elemento fuego, nivel alto; ל = elemento agua, nivel alto atenuado.
- **Estructura sensorial:** י = atributo bondad; ו = atributo amor; א = atributo amor; ל = atributo misericordia.
- **Versículo:** «Josué hijo de Nun, que está ante ti, él irá allá; fortalécelo, pues él hará que Israel la herede» (Deuteronomio 1:38).

יהושע בן נון העמד לפניך הוא יבא שמה אתו חזק כי הוא ינחלנה את ישראל

Ioash / יואש

- **Fuente:** II Reyes 11:2
- **Valor intrínseco:** 2
- **Valor numérico –*guematria*–:** 317
- **Composición elemental:** י = elemento tierra, nivel alto atenuado; ו = elemento tierra, nivel alto moderado; א = elemento fuego, nivel alto; ש = elemento fuego, nivel medio atenuado.
- **Estructura sensorial:** י = atributo bondad; ו = atributo amor; א = atributo amor; ש = atributo rigor.
- **Versículo:** «Sea mi corazón íntegro en tus estatutos, para no ser avergonzado» (Salmos 119:80).

יהי לבי תמים בחקיך למען לא אבוש

Iovav / יובב

- **Fuente:** Génesis 10:29
- **Valor intrínseco:** 2
- **Valor numérico –*guematria*–:** 20
- **Composición elemental:** י = elemento tierra, nivel alto atenuado; ו = elemento tierra, nivel alto moderado; ב = elemento tierra, nivel alto; ב = elemento tierra, nivel alto.
- **Estructura sensorial:** י = atributo bondad; ו = atributo amor; ב = atributo amor; ב = atributo amor.
- **Versículo:** «El Eterno, nuestro Dios, estableció un pacto con nosotros en Jorev» (Deuteronomio 5:2).

יהוה אלהינו כרת עמנו ברית בחרב

Iuval / יובל

- **Fuente:** Génesis 4:21
- **Valor intrínseco:** 3
- **Valor numérico –*guematria*–:** 48

- **Composición elemental:** י = elemento tierra, nivel alto atenuado; ו = elemento tierra, nivel alto moderado; ב = elemento tierra, nivel alto; ל = elemento agua, nivel alto atenuado.

- **Estructura sensorial:** י = atributo bondad; ו = atributo amor; ב = atributo amor; ל = atributo misericordia.

- **Versículo:** «Josué hijo de Nun, que está ante ti, él irá allá; fortalécelo, pues él hará que Israel la herede» (Deuteronomio 1:38).

יהושע בן נון העמד לפניך הוא יבא שמה אתו חזק כי הוא ינחלנה את ישראל

Iojai / יוחאי

- **Fuente:** Talmud, *véase* tratado de Berajot 5a
- **Valor intrínseco:** 8
- **Valor numérico –*guematria*–:** 35
- **Composición elemental:** י = elemento tierra, nivel alto atenuado; ו = elemento tierra, nivel alto moderado; ח = elemento agua, nivel alto moderado; א = elemento fuego, nivel alto; י = elemento tierra, nivel alto atenuado.

- **Estructura sensorial:** י = atributo bondad; ו = atributo amor; ח = atributo bondad; א = atributo amor; י = atributo bondad.

- **Versículo:** «Sean gratas las palabras de mi boca y la meditación de mi corazón delante de Ti, El Eterno, mi Roca, y mi Redentor» (Salmos 19:15).

יהיו לרצון אמרי פי והגיון לבי לפניך יהוה צורי וגאלי

Iojanán / יוחנן

- **Fuente:** Jeremías 40:8
- **Valor intrínseco:** 7
- **Valor numérico –*guematria*–:** 124
- **Composición elemental:** י = elemento tierra, nivel alto atenuado; ו = elemento tierra, nivel alto moderado; ח = elemento agua, nivel alto moderado; נ = elemento tierra, nivel medio; ן = elemento fuego, nivel bajo.

- **Estructura sensorial:** י = atributo bondad; ו = atributo amor; ה = atributo bondad; נ = atributo misericordia; ן = atributo misericordia.
- **Versículo:** «El Eterno librará batalla por vosotros, y vosotros permaneceréis en silencio» (Éxodo 14:14).

יהוה ילחם לכם ואתם תחרשון

Iona / יונה

- **Fuente:** II Reyes 14:25
- **Valor intrínseco:** 8
- **Valor numérico –guematria–:** 71
- **Composición elemental:** י = elemento tierra, nivel alto atenuado; ו = elemento tierra, nivel alto moderado; נ = elemento tierra, nivel medio; ה = elemento fuego, nivel alto moderado.
- **Estructura sensorial:** י = atributo bondad; ו = atributo amor; נ = atributo misericordia; ה = atributo amor.
- **Versículo:** «El Eterno abrirá para ti Su tesoro de bondad, los Cielos, para procurar lluvias para tu Tierra en su tiempo, y para bendecir toda la obra de tus manos; les prestarás a muchas naciones, pero no pedirás prestado» (Deuteronomio 28:12).

יפתח יהוה לך את אוצרו הטוב את השמים לתת מטר ארצך בעתו ולברך את כל מעשה ידך והלוית גוים רבים ואתה לא תלוה

Iosef / יוסף

- **Fuente:** Génesis 30:24
- **Valor intrínseco:** 3
- **Valor numérico –guematria–:** 156
- **Composición elemental:** י = elemento tierra, nivel alto atenuado; ו = elemento tierra, nivel alto moderado; ס = elemento aire, nivel alto atenuado; ף = elemento aire, nivel bajo.
- **Estructura sensorial:** י = atributo bondad; ו = atributo amor; ס = atributo misericordia; ף = atributo rigor.

- **Versículo:** «El Eterno cumplirá su buen designio en mí; Tu bondad, El Eterno, es para siempre, no abandones la obra de tus manos» (Salmos 138:8).

יהוה יגמר בעדי יהוה חסדך לעולם מעשי ידיך אל תרף

Iejezkel / יחזקאל

- **Fuente:** Ezequiel 1:3
- **Valor intrínseco:** 3
- **Valor numérico** *–guematria–:* 156
- **Composición elemental:** י = elemento tierra, nivel alto atenuado; ח = elemento agua, nivel alto moderado; ז = elemento aire, nivel alto moderado; ק = elemento aire, nivel medio moderado; א = elemento fuego, nivel alto; ל = elemento agua, nivel alto atenuado.
- **Estructura sensorial:** י = atributo bondad; ח = atributo bondad; ז = atributo bondad; ק = atributo rigor; א = atributo amor; ל = atributo misericordia.
- **Versículo:** «Josué hijo de Nun, que está ante ti, él irá allá; fortalécelo, pues él hará que Israel la herede» (Deuteronomio 1:38).

יהושע בן נון העמד לפניך הוא יבא שמה אתו חזק כי הוא ינחלנה את ישראל

Iejíel / יחיאל

- **Fuente:** I Crónicas 15:18
- **Valor intrínseco:** 5
- **Valor numérico** *–guematria–:* 59
- **Composición elemental:** י = elemento tierra, nivel alto atenuado; ח = elemento agua, nivel alto moderado; י = elemento tierra, nivel alto atenuado; א = elemento fuego, nivel alto; ל = elemento agua, nivel alto atenuado.
- **Estructura sensorial:** י = atributo bondad; ח = atributo bondad; י = atributo bondad; א = atributo amor; ל = atributo misericordia.

- **Versículo:** «Josué hijo de Nun, que está ante ti, él irá allá; forta-lécelo, pues él hará que Israel la herede» (Deuteronomio 1:38).

יהושע בן נון העמד לפניך הוא יבא שמה אתו חזק כי הוא ינחלנה את ישראל

Inón / ינון

- **Fuente:** Salmos 72:17
- **Valor intrínseco:** 8
- **Valor numérico –guematria–:** 116
- **Composición elemental:** י = elemento tierra, nivel alto atenua-do; נ = elemento tierra, nivel medio; ו = elemento tierra, nivel alto moderado; ן = elemento fuego, nivel bajo.
- **Estructura sensorial:** י = atributo bondad; נ = atributo misericor-dia; ו = atributo amor; ן = atributo misericordia.
- **Versículo:** «El Eterno librará batalla por vosotros, y vosotros per-maneceréis en silencio» (Éxodo 14:14).

יהוה ילחם לכם ואתם תחרשון

Iakov / יעקב

- **Fuente:** Génesis 25:26
- **Valor intrínseco:** 2
- **Valor numérico –guematria–:** 182
- **Composición elemental:** י = elemento tierra, nivel alto atenua-do; ע = elemento agua, nivel medio; ק = elemento aire, nivel me-dio moderado; ב = elemento tierra, nivel alto.
- **Estructura sensorial:** י = atributo bondad; ע = atributo misericor-dia; ק = atributo rigor; ב = atributo amor.
- **Versículo:** «El Eterno, nuestro Dios, estableció un pacto con no-sotros en Jorev» (Deuteronomio 5:2).

יהוה אלהינו כרת עמנו ברית בחרב

Iftaj / יפתח

- **Fuente:** Jueces 11:1
- **Valor intrínseco:** 3

- **Valor numérico –*guematria*–:** 498
- **Composición elemental:** י = elemento tierra, nivel alto atenuado; פ = elemento fuego, nivel medio moderado; ת = elemento tierra, nivel medio atenuado; ח = elemento agua, nivel alto moderado.
- **Estructura sensorial:** י = atributo bondad; פ = atributo rigor; ת = atributo rigor; ח = atributo bondad.
- **Versículo:** «En el día de mi temor, yo en Ti confiaré» (Salmos 56:4).

יום אירא אני אליך אבטח

Itzjak / יצחק

- **Fuente:** Génesis 17:19
- **Valor intrínseco:** 1
- **Valor numérico –*guematria*–:** 208
- **Composición elemental:** י = elemento tierra, nivel alto atenuado; צ = elemento tierra, nivel medio moderado; ח = elemento agua, nivel alto moderado; ק = elemento aire, nivel medio moderado.
- **Estructura sensorial:** י = atributo bondad; צ = atributo rigor; ח = atributo bondad; ק = atributo rigor.
- **Versículo:** «Fenezca ahora la maldad de los malvados, mas establece al justo; porque Dios, El Justo, examina el pensamiento y el corazón» (Salmos 7:10).

יגמר נא רע רשעים ותכונן צדיק ובחן לבות וכליות אלהים צדיק

Iekutiel / יקותיאל

- **Fuente:** I Crónicas 4:18
- **Valor intrínseco:** 8
- **Valor numérico –*guematria*–:** 557
- **Composición elemental:** י = elemento tierra, nivel alto atenuado; ק = elemento aire, nivel medio moderado; ו = elemento tierra, nivel alto moderado; ת = elemento tierra, nivel medio atenuado;

י = elemento tierra, nivel alto atenuado; א = elemento fuego, nivel alto; ל = elemento agua, nivel alto atenuado.

- **Estructura sensorial:** י = atributo bondad; ק = atributo rigor; ו = atributo amor; ת = atributo rigor; י = atributo bondad; א = atributo amor; ל = atributo misericordia.

- **Versículo:** «Josué hijo de Nun, que está ante ti, él irá allá; fortalécelo, pues él hará que Israel la herede» (Deuteronomio 1:38).

יהושע בן נון העמד לפניך הוא יבא שמה אתו חזק כי הוא ינחלנה את ישראל

Ierojam / ירוחם

- **Fuente:** *véase* I Samuel 1:1
- **Valor intrínseco:** 3
- **Valor numérico –*guematria*–:** 264
- **Composición elemental:** י = elemento tierra, nivel alto atenuado; ר = elemento agua, nivel medio moderado; ו = elemento tierra, nivel alto moderado; ח = elemento agua, nivel alto moderado; ם = elemento agua, nivel bajo.

- **Estructura sensorial:** י = atributo bondad; ר = atributo rigor; ו = atributo amor; ח = atributo bondad; ם = atributo misericordia.

- **Versículo:** «Que El Eterno, el Dios de vuestros antepasados, os agregue mil veces a vosotros mismos como los que sois y os bendiga tal como Él ha hablado de vosotros» (Deuteronomio 1:11).

יהוה אלהי אבותכם יסף עליכם ככם אלף פעמים ויברך אתכם כאשר דבר לכם

Ieshurún / ישורון

- **Fuente:** Deuteronomio 32:15
- **Valor intrínseco:** 5
- **Valor numérico –*guematria*–:** 572
- **Composición elemental:** י = elemento tierra, nivel alto atenuado; ש = elemento fuego, nivel medio atenuado; ו = elemento tierra, nivel alto moderado; ר = elemento agua, nivel medio mo-

derado; ו = elemento tierra, nivel alto moderado; ן = elemento fuego, nivel bajo.

- **Estructura sensorial:** י = atributo bondad; שׁ = atributo rigor; ו = atributo amor; ר = atributo rigor; ו = atributo amor; ן = atributo misericordia.

- **Versículo:** «El Eterno librará batalla por vosotros, y vosotros permaneceréis en silencio» (Éxodo 14:14).

יהוה ילחם לכם ואתם תחרשון

Ishai / ישי

- **Fuente:** I Samuel 16:1
- **Valor intrínseco:** 5
- **Valor numérico –guematria–:** 320
- **Composición elemental:** י = elemento tierra, nivel alto atenuado; שׁ = elemento fuego, nivel medio atenuado; י = elemento tierra, nivel alto atenuado.

- **Estructura sensorial:** י = atributo bondad; שׁ = atributo rigor; י = atributo bondad.

- **Versículo:** «Sean gratas las palabras de mi boca y la meditación de mi corazón delante de Ti, El Eterno, mi Roca, y mi Redentor» (Salmos 19:15).

יהיו לרצון אמרי פי והגיון לבי לפניך יהוה צורי וגאלי

Israel / ישראל

- **Fuente:** Génesis 32:29
- **Valor intrínseco:** 1
- **Valor numérico –guematria–:** 541
- **Composición elemental:** י = elemento tierra, nivel alto atenuado; שׁ = elemento fuego, nivel medio atenuado; ר = elemento agua, nivel medio moderado; א = elemento fuego, nivel alto; ל = elemento agua, nivel alto atenuado.

- **Estructura sensorial:** י = atributo bondad; שׁ = atributo rigor; ר = atributo rigor; א = atributo amor; ל = atributo misericordia.
- **Versículo:** «Josué hijo de Nun, que está ante ti, él irá allá; fortalécelo, pues él hará que Israel la herede» (Deuteronomio 1:38).

יהושע בן נון העמד לפניך הוא יבא שמה אתו חזק כי הוא ינחלנה את ישראל

Isasjar / יששחר

- **Fuente:** Génesis 30:18
- **Valor intrínseco:** 2
- **Valor numérico –*guematria*–:** 830
- **Composición elemental:** י = elemento tierra, nivel alto atenuado; שׁ = elemento fuego, nivel medio atenuado; שׁ = elemento fuego, nivel medio atenuado; כ = elemento aire, nivel medio; ר = elemento agua, nivel medio moderado.
- **Estructura sensorial:** י = atributo bondad; שׁ = atributo rigor; שׁ = atributo rigor; כ = atributo misericordia; ר = atributo rigor.
- **Versículo:** «Lo hacía cabalgar en las alturas de la Tierra y le hacía comer los frutos maduros de los campos; le dio de sorber miel de una piedra, y aceite de una roca dura» (Deuteronomio 32:13).

ירכבהו על במותי ארץ ויאכל תנובת שדי וינקהו דבש מסלע ושמן מחלמיש צור

Nombres que comienzan con

KAF (כ)

Kahana / כהנא

- **Fuente:** Talmud, *véase* tratado de Berajot 3b
- **Valor intrínseco:** 4
- **Valor numérico –*guematria*–:** 76
- **Composición elemental:** כ = elemento aire, nivel medio; ה = elemento fuego, nivel alto moderado; נ = elemento tierra, nivel medio; א = elemento fuego, nivel alto.
- **Estructura sensorial:** כ = atributo misericordia; ה = atributo amor; נ = atributo misericordia; א = atributo amor.
- **Versículo:** «Pues este precepto que te ordeno hoy, no está oculto de ti y no está lejos» (Deuteronomio 30:11).

כי המצוה הזאת אשר אנכי מצוך היום לא נפלאת הוא ממך ולא רחקה הוא

Kalev / כלב

- **Fuente:** Números 13:6
- **Valor intrínseco:** 7
- **Valor numérico –*guematria*–:** 52
- **Composición elemental:** כ = elemento aire, nivel medio; ל = elemento agua, nivel alto atenuado; ב = elemento tierra, nivel alto.
- **Estructura sensorial:** כ = atributo misericordia; ל = atributo misericordia; ב = atributo amor.
- **Versículo:** «Pues desde sus orígenes, lo veo igual que una roca, y desde las colinas lo veo; he aquí que es un pueblo que habitará solitario y no será contado con las naciones» (Números 23:9).

כי מראש צרים אראנו ומגבעות אשורנו הן עם לבדד ישכן ובגוים לא יתחשב

Karmi / כרמי

- **Fuente:** Génesis 46:9
- **Valor intrínseco:** 9
- **Valor numérico** *–guematria–:* 270
- **Composición elemental:** כ = elemento aire, nivel medio; ר = elemento agua, nivel medio moderado; מ = elemento fuego, nivel medio; י = elemento tierra, nivel alto atenuado.
- **Estructura sensorial:** כ = atributo misericordia; ר = atributo rigor; מ = atributo misericordia; י = atributo bondad.
- **Versículo:** «Pues Yo soy El Eterno, quien os eleva de la tierra de Egipto para ser Dios para vosotros; seréis santos, pues Yo soy Santo» (Levítico 11:45).

כי אני יהוה המעלה אתכם מארץ מצרים להית לכם לאלהים והייתם קדשים כי קדוש אני

Nombres que comienzan con

LAMED (ל)

Levi / לוי

- **Fuente:** Génesis 29:34
- **Valor intrínseco:** 1
- **Valor numérico –*guematria*–:** 46
- **Composición elemental:** ל = elemento agua, nivel alto atenuado; ו = elemento tierra, nivel alto moderado; י = elemento tierra, nivel alto atenuado.
- **Estructura sensorial:** ל = atributo misericordia; ו = atributo amor; י = atributo bondad.
- **Versículo:** «No tendrás a otros dioses en Mi presencia» (Éxodo 20:3).

לא יהיה לך אלהים אחרים על פני

Luz / לוז

- **Fuente:** Génesis 30:37, significa «almendro».
- **Valor intrínseco:** 7
- **Valor numérico –*guematria*–:** 43
- **Composición elemental:** ל = elemento agua, nivel alto atenuado; ו = elemento tierra, nivel alto moderado; ז = elemento aire, nivel alto moderado.
- **Estructura sensorial:** ל = atributo misericordia; ו = atributo amor; ז = atributo bondad.
- **Versículo:** «Según su inteligencia es alabado el hombre; mas el de corazón desviado será menospreciado» (Proverbios 12:8).

לפי שכלו יהלל איש ונעוה לב יהיה לבוז

Nombres que comienzan con

MEM (מ)

Meir / מאיר

- **Fuente:** Talmud, *véase* tratado de Berajot 2b
- **Valor intrínseco:** 8
- **Valor numérico –*guematria*–:** 251
- **Composición elemental:** מ = elemento fuego, nivel medio; א = elemento fuego, nivel alto; י = elemento tierra, nivel alto atenuado; ר = elemento agua, nivel medio moderado.
- **Estructura sensorial:** מ = atributo misericordia; א = atributo amor; י = atributo bondad; ר = atributo rigor.
- **Versículo:** «Deprisa, huye allí, pues no puedo hacer nada hasta que no llegues allí; por eso llamó a la ciudad Tzoar» (Génesis 19:22).

מהר המלט שמה כי לא אוכל לעשות דבר עד באך שמה על כן קרא שם העיר צוער

Mijael / מיכאל

- **Fuente:** Números 13:13
- **Valor intrínseco:** 2
- **Valor numérico –*guematria*–:** 101
- **Composición elemental:** מ = elemento fuego, nivel medio; י = elemento tierra, nivel alto atenuado; כ = elemento aire, nivel medio; א = elemento fuego, nivel alto; ל = elemento agua, nivel alto atenuado.
- **Estructura sensorial:** מ = atributo misericordia; י = atributo bondad; כ = atributo misericordia; א = atributo amor; ל = atributo misericordia.

- **Versículo:** «Cuán buenas son tus tiendas, Jacob, tus lugares de residencia, Israel» (Números 24:5).

מה טבו אהליך יעקב משכנתיך ישראל

Mijá / מיכה

- **Fuente:** Miqueas 1:1
- **Valor intrínseco:** 3
- **Valor numérico –guematria–:** 75
- **Composición elemental:** מ = elemento fuego, nivel medio; י = elemento tierra, nivel alto atenuado; כ = elemento aire, nivel medio; ה = elemento fuego, nivel alto moderado.
- **Estructura sensorial:** מ = atributo misericordia; י = atributo bondad; כ = atributo misericordia; ה = atributo amor.
- **Versículo:** «En la presencia de un sabio os levantaréis y honraréis la presencia de un anciano y temeréis a vuestro Dios. Yo soy El Eterno» (Levítico 19:32).

מפני שיבה תקום והדרת פני זקן ויראת מאלהיך אני יהוה

Mishael / מישאל

- **Fuente:** Éxodo 6:22
- **Valor intrínseco:** 3
- **Valor numérico –guematria–:** 381
- **Composición elemental:** מ = elemento fuego, nivel medio; י = elemento tierra, nivel alto atenuado; ש = elemento fuego, nivel medio atenuado; א = elemento fuego, nivel alto; ל = elemento agua, nivel alto atenuado.
- **Estructura sensorial:** מ = atributo misericordia; י = atributo bondad; ש = atributo rigor; א = atributo amor; ל = atributo misericordia.
- **Versículo:** «Cuán buenas son tus tiendas, Jacob, tus lugares de residencia, Israel» (Números 24:5).

מה טבו אהליך יעקב משכנתיך ישראל

Malaj / מלאך

- **Fuente:** Génesis 16:7, significa «ángel».
- **Valor intrínseco:** 1
- **Valor numérico –*guematria*–:** 91
- **Composición elemental:** מ = elemento fuego, nivel medio; ל = elemento agua, nivel alto atenuado; א = elemento fuego, nivel alto; ך = elemento aire, nivel medio atenuado.
- **Estructura sensorial:** מ = atributo misericordia; ל = atributo misericordia; א = atributo amor; ך = atributo misericordia.
- **Versículo:** «Cuidarás y cumplirás lo que saliere de tus labios, así como has prometido un regalo voluntario a El Eterno, tu Dios, todo lo que has dicho con tu boca (Deuteronomio 23:24).

מוצא שפתיך תשמר ועשית כאשר נדרת ליהוה אלהיך נדבה אשר דברת בפיך

Malaji / מלאכי

- **Fuente:** Malaquías 1:1
- **Valor intrínseco:** 2
- **Valor numérico –*guematria*–:** 101
- **Composición elemental:** מ = elemento fuego, nivel medio; ל = elemento agua, nivel alto atenuado; א = elemento fuego, nivel alto; כ = elemento aire, nivel medio; י = elemento tierra, nivel alto atenuado.
- **Estructura sensorial:** מ = atributo misericordia; ל = atributo misericordia; א = atributo amor; כ = atributo misericordia; י = atributo bondad.
- **Versículo:** «No postergarás tus ofrendas de los productos recién madurados ni tus ofrendas agrícolas; el primogénito de tus hijos lo presentarás ante Mí» (Éxodo 22:28).

מלאתך ודמעך לא תאחר בכור בניך תתן לי

Malkiel / מלכיאל

- **Fuente:** Génesis 46:17
- **Valor intrínseco:** 5
- **Valor numérico –guematria–:** 131
- **Composición elemental:** מ = elemento fuego, nivel medio; ל = elemento agua, nivel alto atenuado; כ = elemento aire, nivel medio; י = elemento tierra, nivel alto atenuado; א = elemento fuego, nivel alto; ל = elemento agua, nivel alto atenuado.
- **Estructura sensorial:** מ = atributo misericordia; ל = atributo misericordia; כ = atributo misericordia; י = atributo bondad; א = atributo amor; ל = atributo misericordia.
- **Versículo:** «Cuán buenas son tus tiendas, Jacob, tus lugares de residencia, Israel» (Números 24:5).

מה טבו אהליך יעקב משכנתיך ישראל

Menajem / מנחם

- **Fuente:** II Reyes 15:14
- **Valor intrínseco:** 3
- **Valor numérico –guematria–:** 138
- **Composición elemental:** מ = elemento fuego, nivel medio; נ = elemento tierra, nivel medio; ח = elemento agua, nivel alto moderado; ם = elemento agua, nivel bajo.
- **Estructura sensorial:** מ = atributo misericordia; נ = atributo misericordia; ח = atributo bondad; ם = atributo misericordia.
- **Versículo:** «Tendréis balanzas correctas, pesos correctos, medidas secas correctas y medidas líquidas correctas; Yo soy El Eterno, vuestro Dios, quien os sacó de la tierra de Egipto» (Levítico 19:36).

מאזני צדק אבני צדק איפת צדק והין צדק יהיה לכם אני יהוה אלהיכם
אשר הוצאתי אתכם מארץ מצרים

Menashe / מנשה

- **Fuente:** Génesis 41:51
- **Valor intrínseco:** 8

- **Valor numérico –*guematria*–:** 395
- **Composición elemental:** מ = elemento fuego, nivel medio; נ = elemento tierra, nivel medio; שׁ = elemento fuego, nivel medio atenuado; ה = elemento fuego, nivel alto moderado.
- **Estructura sensorial:** מ = atributo misericordia; נ = atributo misericordia; שׁ = atributo rigor; ה = atributo amor.
- **Versículo:** «En la presencia de un sabio os levantaréis y honraréis la presencia de un anciano y temeréis a vuestro Dios. Yo soy El Eterno» (Levítico 19:32).

מפני שיבה תקום והדרת פני זקן ויראת מאלהיך אני יהוה

Mordejai / מרדכי

- **Fuente:** Ester 2:5
- **Valor intrínseco:** 4
- **Valor numérico –*guematria*–:** 274
- **Composición elemental:** מ = elemento fuego, nivel medio; ר = elemento agua, nivel medio moderado; ד = elemento agua, nivel alto; כ = elemento aire, nivel medio; י = elemento tierra, nivel alto atenuado.
- **Estructura sensorial:** מ = atributo misericordia; ר = atributo rigor; ד = atributo amor; כ = atributo misericordia; י = atributo bondad.
- **Versículo:** «No postergarás tus ofrendas de los productos recién madurados ni tus ofrendas agrícolas; el primogénito de tus hijos lo presentarás ante Mí» (Éxodo 22:28).

מלאתך ודמעך לא תאחר בכור בניך תתן לי

Moshé / משה

- **Fuente:** Éxodo 2:10
- **Valor intrínseco:** 3
- **Valor numérico –*guematria*–:** 345

- **Composición elemental:** מ = elemento fuego, nivel medio; ש = elemento fuego, nivel medio atenuado; ה = elemento fuego, nivel alto moderado.

- **Estructura sensorial:** מ = atributo misericordia; ש = atributo rigor; ה = atributo amor.

- **Versículo:** «En la presencia de un sabio os levantaréis y honraréis la presencia de un anciano y temeréis a vuestro Dios. Yo soy El Eterno» (Levítico 19:32).

מפני שיבה תקום והדרת פני זקן ויראת מאלהיך אני יהוה

Nombres que comienzan con

NUN (נ)

Nadav / נדב

- **Fuente:** Éxodo 6:23
- **Valor intrínseco:** 2
- **Valor numérico –*guematria*–:** 56
- **Composición elemental:** נ = elemento tierra, nivel medio; ד = elemento agua, nivel alto; ב = elemento tierra, nivel alto.
- **Estructura sensorial:** נ = atributo misericordia; ד = atributo amor; ב = atributo amor.
- **Versículo:** «Más estimable es el buen nombre, que la multitud de riquezas; y la buena fama más que la plata y el oro» (Proverbios 22:1).

נבחר שם מעשר רב מכסף ומזהב חן טוב

Neorai / נהוראי

- **Fuente:** Talmud, *véase* tratado de Berajot 53b
- **Valor intrínseco:** 2
- **Valor numérico –*guematria*–:** 272
- **Composición elemental:** נ = elemento tierra, nivel medio; ה = elemento fuego, nivel alto moderado; ו = elemento tierra, nivel alto moderado; ר = elemento agua, nivel medio moderado; א = elemento fuego, nivel alto; י = elemento tierra, nivel alto atenuado.
- **Estructura sensorial:** נ = atributo misericordia; ה = atributo amor; ו = atributo amor; ר = atributo rigor; א = atributo amor; י = atributo bondad.

- **Versículo:** «Mi corazón está preparado, Dios, cantaré y entonaré canciones; también mi gloria –mi alma–» (Salmos 108:2).

נכון לבי אלהים אשירה ואזמרה אף כבודי

Noam / נועם

- **Fuente:** *véase* Proverbios 3:17, significa «agradable».
- **Valor intrínseco:** 4
- **Valor numérico –*guematria*–:** 166
- **Composición elemental:** נ = elemento tierra, nivel medio; ו = elemento tierra, nivel alto moderado; ע = elemento agua, nivel medio; ם = elemento agua, nivel bajo.
- **Estructura sensorial:** נ = atributo misericordia; ו = atributo amor; ע = atributo misericordia; ם = atributo misericordia.
- **Versículo:** «Las palabras del que oye lo que dice Dios y conoce el conocimiento del Supremo, del que ve la visión de Shadai, estando caído y con los ojos descubiertos» (Números 24:16).

נאם שמע אמרי אל וידע דעת עליון מחזה שדי יחזה נפל וגלוי עינים

Najum / נחום

- **Fuente:** Nahum 1:1
- **Valor intrínseco:** 5
- **Valor numérico –*guematria*–:** 104
- **Composición elemental:** נ = elemento tierra, nivel medio; ח = elemento agua, nivel alto moderado; ו = elemento tierra, nivel alto moderado; ם = elemento agua, nivel bajo.
- **Estructura sensorial:** נ = atributo misericordia; ח = atributo bondad; ו = atributo amor; ם = atributo misericordia.
- **Versículo:** «Las palabras del que oye lo que dice Dios y conoce el conocimiento del Supremo, del que ve la visión de Shadai, estando caído y con los ojos descubiertos» (Números 24:16).

נאם שמע אמרי אל וידע דעת עליון מחזה שדי יחזה נפל וגלוי עינים

Nejemia / נחמיה

- **Fuente:** Nehemías 1:1
- **Valor intrínseco:** 5
- **Valor numérico –*guematria*–:** 113
- **Composición elemental:** נ = elemento tierra, nivel medio; ח = elemento agua, nivel alto moderado; מ = elemento fuego, nivel medio; י = elemento tierra, nivel alto atenuado; ה = elemento fuego, nivel alto moderado.
- **Estructura sensorial:** נ = atributo misericordia; ח = atributo bondad; מ = atributo misericordia; י = atributo bondad; ה = atributo amor.
- **Versículo:** «Hagamos por favor un pequeño aposento en la azotea, y pongamos allí para él cama, mesa, silla y candelabro, para que cuando venga a nosotros, se quede allí» (II Reyes 4:10).

נעשה נא עלית קיר קטנה ונשים לו שם מטה ושלחן וכסא ומנורה והיה בבאו אלינו יסור שמה

Najman / נחמן

- **Fuente:** Talmud, *véase* tratado de Berajot 4b
- **Valor intrínseco:** 4
- **Valor numérico –*guematria*–:** 148
- **Composición elemental:** נ = elemento tierra, nivel medio; ח = elemento agua, nivel alto moderado; מ = elemento fuego, nivel medio; ן = elemento fuego, nivel bajo.
- **Estructura sensorial:** נ = atributo misericordia; ח = atributo bondad; מ = atributo misericordia; ן = atributo misericordia.
- **Versículo:** «Un profeta de entre vosotros, de tus hermanos, como yo, ha de establecer para ti El Eterno, tu Dios, a él escucharéis» (Deuteronomio 18:15).

נביא מקרבך מאחיך כמני יקים לך יהוה אלהיך אליו תשמעון

Najshón / נחשון

- **Fuente:** Éxodo 6:23
- **Valor intrínseco:** 9
- **Valor numérico –*guematria*–:** 414
- **Composición elemental:** נ = elemento tierra, nivel medio; ח = elemento agua, nivel alto moderado; שׁ = elemento fuego, nivel medio atenuado; ו = elemento tierra, nivel alto moderado; ן = elemento fuego, nivel bajo.
- **Estructura sensorial:** נ = atributo misericordia; ח = atributo bondad; שׁ = atributo rigor; ו = atributo amor; ן = atributo misericordia.
- **Versículo:** «Un profeta de entre vosotros, de tus hermanos, como yo, ha de establecer para ti El Eterno, tu Dios, a él escucharéis» (Deuteronomio 18:15).

נביא מקרבך מאחיך כמני יקים לך יהוה אלהיך אליו תשמעון

Nisim / ניסים

- **Fuente:** plural de *nes,* que significa «milagro»; *véase* Talmud, tratado de Pesajim 105b, Tosafot.
- **Valor intrínseco:** 8
- **Valor numérico –*guematria*–:** 170
- **Composición elemental:** נ = elemento tierra, nivel medio; י = elemento tierra, nivel alto atenuado; ס = elemento aire, nivel alto atenuado; י = elemento tierra, nivel alto atenuado; ם = elemento agua, nivel bajo.
- **Estructura sensorial:** נ = atributo misericordia; י = atributo bondad; ס = atributo misericordia; י = atributo bondad; ם = atributo misericordia.
- **Versículo:** «Las palabras del que oye lo que dice Dios y conoce el conocimiento del Supremo, del que ve la visión de Shadai, estando caído y con los ojos descubiertos» (Números 24:16).

נאם שמע אמרי אל וידע דעת עליון מחזה שדי יחזה נפל וגלוי עינים

Nisán / ניסן

- **Fuente:** *véase* Ester 3:7, es el nombre de un mes hebreo.
- **Valor intrínseco:** 8
- **Valor numérico –*guematria*–:** 170
- **Composición elemental:** נ = elemento tierra, nivel medio; י = elemento tierra, nivel alto atenuado; ס = elemento aire, nivel alto atenuado; ן = elemento fuego, nivel bajo.
- **Estructura sensorial:** נ = atributo misericordia; י = atributo bondad; ס = atributo misericordia; ן = atributo misericordia.
- **Versículo:** «Un profeta de entre vosotros, de tus hermanos, como yo, ha de establecer para ti El Eterno, tu Dios, a él escucharéis» (Deuteronomio 18:15).

נביא מקרבך מאחיך כמני יקים לך יהוה אלהיך אליו תשמעון

Naim / נעים

- **Fuente:** *véase* Salmos 133:1, significa «grato».
- **Valor intrínseco:** 8
- **Valor numérico –*guematria*–:** 170
- **Composición elemental:** נ = elemento tierra, nivel medio; ע = elemento agua, nivel medio; י = elemento tierra, nivel alto atenuado; ם = elemento agua, nivel bajo.
- **Estructura sensorial:** נ = atributo misericordia; ע = atributo misericordia; י = atributo bondad; ם = atributo misericordia.
- **Versículo:** «Las palabras del que oye lo que dice Dios y conoce el conocimiento del Supremo, del que ve la visión de Shadai, estando caído y con los ojos descubiertos» (Números 24:16).

נאם שמע אמרי אל וידע דעת עליון מחזה שדי יחזה נפל וגלוי עינים

Naamán / נעמן

- **Fuente:** Génesis 46:21
- **Valor intrínseco:** 3

- Valor numérico –*guematria*–: 210
- **Composición elemental:** נ = elemento tierra, nivel medio; ע = elemento agua, nivel medio; מ = elemento fuego, nivel medio; ן = elemento fuego, nivel bajo.
- **Estructura sensorial:** נ = atributo misericordia; ע = atributo misericordia; מ = atributo misericordia; ן = atributo misericordia.
- **Versículo:** «Un profeta de entre vosotros, de tus hermanos, como yo, ha de establecer para ti El Eterno, tu Dios, a él escucharéis» (Deuteronomio 18:15).

נביא מקרבך מאחיך כמני יקים לך יהוה אלהיך אליו תשמעון

Naftali / נפתלי

- **Fuente:** Génesis 30:8
- **Valor intrínseco:** 3
- **Valor numérico –*guematria*–:** 570
- **Composición elemental:** נ = elemento tierra, nivel medio; פ = elemento fuego, nivel medio moderado; ת = elemento tierra, nivel medio atenuado; ל = elemento agua, nivel alto atenuado; י = elemento tierra, nivel alto atenuado.
- **Estructura sensorial:** נ = atributo misericordia; פ = atributo rigor; ת = atributo rigor; ל = atributo misericordia; י = atributo bondad.
- **Versículo:** «Mi corazón está preparado, Dios, cantaré y entonaré canciones; también mi gloria –mi alma–» (Salmos 108:2).

נכון לבי אלהים אשירה ואזמרה אף כבודי

Ner / נר

- **Fuente:** I Samuel 14:50
- **Valor intrínseco:** 7
- **Valor numérico –*guematria*–:** 250
- **Composición elemental:** נ = elemento tierra, nivel medio; ר = elemento agua, nivel medio moderado.

- **Estructura sensorial:** נ = atributo misericordia; ר = atributo rigor.
- **Versículo:** «Naftali es una cierva suelta que ofrece bellas palabras» (Génesis 49:21).

נפתלי אילה שלחה הנתן אמרי שפר

Neria / נריה

- **Fuente:** Jeremías 32:16
- **Valor intrínseco:** 4
- **Valor numérico –guematria–:** 265
- **Composición elemental:** נ = elemento tierra, nivel medio; ר = elemento agua, nivel medio moderado; י = elemento tierra, nivel alto atenuado; ה = elemento fuego, nivel alto moderado.
- **Estructura sensorial:** נ = atributo misericordia; ר = atributo rigor; י = atributo bondad; ה = atributo amor.
- **Versículo:** «Hagamos por favor un pequeño aposento en la azotea, y pongamos allí para él cama, mesa, silla y candelabro, para que cuando venga a nosotros, se quede allí» (II Reyes 4:10).

נעשה נא עלית קיר קטנה ונשים לו שם מטה ושלחן וכסא ומנורה והיה בבאו אלינו יסור שמה

Natán / נתן

- **Fuente:** II Samuel 7:2
- **Valor intrínseco:** 5
- **Valor numérico –guematria–:** 500
- **Composición elemental:** נ = elemento tierra, nivel medio; ת = elemento tierra, nivel medio atenuado; ן = elemento fuego, nivel bajo.
- **Estructura sensorial:** נ = atributo misericordia; ת = atributo rigor; ן = atributo misericordia.
- **Versículo:** «Un profeta de entre vosotros, de tus hermanos, como yo, ha de establecer para ti El Eterno, tu Dios, a él escucharéis» (Deuteronomio 18:15).

נביא מקרבך מאחיך כמני יקים לך יהוה אלהיך אליו תשמעון

Netanel / נתנאל

- **Fuente:** Números 1:8
- **Valor intrínseco:** 9
- **Valor numérico –*guematria*–:** 531
- **Composición elemental:** נ = elemento tierra, nivel medio; ת = elemento tierra, nivel medio atenuado; נ = elemento tierra, nivel medio; א = elemento fuego, nivel alto; ל = elemento agua, nivel alto atenuado.
- **Estructura sensorial:** נ = atributo misericordia; ת = atributo rigor; נ = atributo misericordia; א = atributo amor; ל = atributo misericordia.
- **Versículo:** «Con mi alma te he deseado en la noche, y mientras mi espíritu permanezca dentro de mí, madrugaré por Ti; porque cuando tus juicios están en la Tierra, los moradores del mundo aprenden justicia» (Isaías 26:9).

נפשי אויתיך בלילה אף רוחי בקרבי אשחרך כי כאשר משפטיך לארץ צדק למדו ישבי תבל

Netaniahu / נתניהו

- **Fuente:** *véase* II Reyes 25:23
- **Valor intrínseco:** 8
- **Valor numérico –*guematria*–:** 521
- **Composición elemental:** נ = elemento tierra, nivel medio; ת = elemento tierra, nivel medio atenuado; נ = elemento tierra, nivel medio; י = elemento tierra, nivel alto atenuado; ה = elemento fuego, nivel alto moderado; ו = elemento tierra, nivel alto moderado.
- **Estructura sensorial:** נ = atributo misericordia; ת = atributo rigor; נ = atributo misericordia; י = atributo bondad; ה = atributo amor; ו = atributo amor.
- **Versículo:** «Hueco, de tablas, lo harás; como se te mostró en la montaña, así lo harán» (Éxodo 27:8).

נבוב לחת תעשה אתו כאשר הראה אתך בהר כן יעשו

SAMEJ (ס)

Sofer / סופר

- **Fuente:** *véase* II Samuel 8:17, significa «escriba».
- **Valor intrínseco:** 4
- **Valor numérico –*guematria*–:** 346
- **Composición elemental:** ס = elemento aire, nivel alto atenuado; ו = elemento tierra, nivel alto moderado; פ = elemento fuego, nivel medio moderado; ר = elemento agua, nivel medio moderado.
- **Estructura sensorial:** ס = atributo misericordia; ו = atributo amor; פ = atributo rigor; ר = atributo rigor.
- **Versículo:** «Afirmados eternamente y para siempre; hechos en verdad y rectitud» (Salmos 111:8).

סמוכים לעד לעולם עשוים באמת וישר

Nombres que comienzan con

AIN (ע)

Adín / עדין

- **Fuente:** Esdras 2:15
- **Valor intrínseco:** 8
- **Valor numérico –*guematria*–:** 134
- **Composición elemental:** ע = elemento agua, nivel medio; ד = elemento agua, nivel alto; י = elemento tierra, nivel alto atenuado; ן = elemento fuego, nivel bajo.
- **Estructura sensorial:** ע = atributo misericordia; ד = atributo amor; י = atributo bondad; ן = atributo misericordia.
- **Versículo:** «Por eso en el libro de las guerras de El Eterno dice: lo que hizo en el Mar de Cañas y los arroyos de Arnón» (Números 21:14).

על כן יאמר בספר מלחמת יהוה את והב בסופה ואת הנחלים ארנון

Ovadia / עובדיה

- **Fuente:** *véase* Abdías 1:1
- **Valor intrínseco:** 7
- **Valor numérico –*guematria*–:** 97
- **Composición elemental:** ע = elemento agua, nivel medio; ו = elemento tierra, nivel alto moderado; ב = elemento tierra, nivel alto; ד = elemento agua, nivel alto; י = elemento tierra, nivel alto atenuado; ה = elemento fuego, nivel alto moderado.
- **Estructura sensorial:** ע = atributo misericordia; ו = atributo amor; ב = atributo amor; ד = atributo amor; י = atributo bondad; ה = atributo amor.

- **Versículo:** «Separarás el diezmo de toda la cosecha de tu cultivo, el fruto del campo, año tras año» (Deuteronomio 14:22).

עשר תעשר את כל תבואת זרעך היצא השדה שנה שנה

Uzi / עוזי

- **Fuente:** *véase* Esdras 7:4
- **Valor intrínseco:** 3
- **Valor numérico –*guematria*–:** 93
- **Composición elemental:** ע = elemento agua, nivel medio; ו = elemento tierra, nivel alto moderado; ז = elemento aire, nivel alto moderado; י = elemento tierra, nivel alto atenuado.
- **Estructura sensorial:** ע = atributo misericordia; ו = atributo amor; ז = atributo bondad; י = atributo bondad.
- **Versículo:** «Por cuanto que Abraham obedeció Mi voz y observó Mis resguardos, Mis preceptos, Mis decretos, y Mis leyes –Torot–» (Génesis 26:5).

עקב אשר שמע אברהם בקלי וישמר משמרתי מצותי חקותי ותורתי

Uziel / עזיאל

- **Fuente:** Números 3:30
- **Valor intrínseco:** 1
- **Valor numérico –*guematria*–:** 118
- **Composición elemental:** ע = elemento agua, nivel medio; ז = elemento aire, nivel alto moderado; י = elemento tierra, nivel alto atenuado; א = elemento fuego, nivel alto; ל = elemento agua, nivel alto atenuado.
- **Estructura sensorial:** ע = atributo misericordia; ז = atributo bondad; י = atributo bondad; א = atributo amor; ל = atributo misericordia.
- **Versículo:** «Según la enseñanza que te enseñaran y de acuerdo con el juicio que te dijeran, así harás; no te desviarás de la palabra que te dirán, ni a la derecha ni a la izquierda» (Deuteronomio 17:11).

על פי התורה אשר יורוך ועל המשפט אשר יאמרו לך תעשה לא תסור מן הדבר אשר יגידו לך ימין ושמאל

Ezra / עזרא

- **Fuente:** Esdras 7:1
- **Valor intrínseco:** 8
- **Valor numérico –guematria–:** 278
- **Composición elemental:** ע = elemento agua, nivel medio; ז = elemento aire, nivel alto moderado; ר = elemento agua, nivel medio moderado; א = elemento fuego, nivel alto.
- **Estructura sensorial:** ע = atributo misericordia; ז = atributo bondad; ר = atributo rigor; א = atributo amor.
- **Versículo:** «Mientras él estaba hablando aún con ellos, Raquel llegó con las ovejas de su padre, pues ella era pastora» (Génesis 29:9).

עודנו מדבר עמם ורחל באה עם הצאן אשר לאביה כי רעה הוא

Azaria / עזריה

- **Fuente:** II Reyes 14:21
- **Valor intrínseco:** 4
- **Valor numérico –guematria–:** 292
- **Composición elemental:** ע = elemento agua, nivel medio; ז = elemento aire, nivel alto moderado; ר = elemento agua, nivel medio moderado; י = elemento tierra, nivel alto atenuado; ה = elemento fuego, nivel alto moderado.
- **Estructura sensorial:** ע = atributo misericordia; ז = atributo bondad; ר = atributo rigor; י = atributo bondad; ה = atributo amor.
- **Versículo:** «Separarás el diezmo de toda la cosecha de tu cultivo, el fruto del campo, año tras año» (Deuteronomio 14:22).

עשר תעשר את כל תבואת זרעך היצא השדה שנה שנה

Azai / עזאי

- **Fuente:** Talmud, *véase* tratado de Berajot 6b
- **Valor intrínseco:** 7
- **Valor numérico –guematria–:** 88

- **Composición elemental:** ע = elemento agua, nivel medio; ז = elemento aire, nivel alto moderado; א = elemento fuego, nivel alto; י = elemento tierra, nivel alto atenuado.
- **Estructura sensorial:** ע = atributo misericordia; ז = atributo bondad; א = atributo amor; י = atributo bondad.
- **Versículo:** «Por cuanto que Abraham obedeció Mi voz y observó Mis resguardos, Mis preceptos, Mis decretos, y Mis leyes –Torot–» (Génesis 26:5).

עקב אשר שמע אברהם בקלי וישמר משמרתי מצותי חקותי ותורתי

Ido / עידו

- **Fuente:** *véase* Zacarías 1:1
- **Valor intrínseco:** 9
- **Valor numérico –*guematria*–:** 90
- **Composición elemental:** ע = elemento agua, nivel medio; י = elemento tierra, nivel alto atenuado; ד = elemento agua, nivel alto; ו = elemento tierra, nivel alto moderado.
- **Estructura sensorial:** ע = atributo misericordia; י = atributo bondad; ד = atributo amor; ו = atributo amor.
- **Versículo:** «Según la palabra de El Eterno se desplazaban los Hijos de Israel, y según la palabra de El Eterno acampaban; todos los días en que la nube se posaba sobre el Tabernáculo, acampaban» (Números 9:18).

על פי יהוה יסעו בני ישראל ועל פי יהוה יחנו כל ימי אשר ישכן הענן על המשכן יחנו

Eli / עלי

- **Fuente:** I Samuel 1:9
- **Valor intrínseco:** 2
- **Valor numérico –*guematria*–:** 110
- **Composición elemental:** ע = elemento agua, nivel medio; ל = elemento agua, nivel alto atenuado; י = elemento tierra, nivel alto atenuado.

- **Estructura sensorial:** ע = atributo misericordia; ל = atributo misericordia; י = atributo bondad.
- **Versículo:** «Por cuanto que Abraham obedeció Mi voz y observó Mis resguardos, Mis preceptos, Mis decretos, y Mis leyes –Torot–» (Génesis 26:5).

עקב אשר שמע אברהם בקלי וישמר משמרתי מצותי חקותי ותורתי

Amós / עמוס

- **Fuente:** Amós 1:1
- **Valor intrínseco:** 5
- **Valor numérico –*guematria*–:** 176
- **Composición elemental:** ע = elemento agua, nivel medio; מ = elemento fuego, nivel medio; ו = elemento tierra, nivel alto moderado; ס = elemento aire, nivel alto atenuado.
- **Estructura sensorial:** ע = atributo misericordia; מ = atributo misericordia; ו = atributo amor; ס = atributo misericordia.
- **Versículo:** «Por tanto, todas las manos se debilitarán, y todo corazón de hombre desfallecerá» (Isaías 13:7).

על כן כל ידים תרפינה וכל לבב אנוש ימס

Amit / עמית

- **Fuente:** *véase* Levítico 5:21, significa «compañero».
- **Valor intrínseco:** 7
- **Valor numérico –*guematria*–:** 520
- **Composición elemental:** ע = elemento agua, nivel medio; מ = elemento fuego, nivel medio; י = elemento tierra, nivel alto atenuado; ת = elemento tierra, nivel medio atenuado.
- **Estructura sensorial:** ע = atributo misericordia; מ = atributo misericordia; י = atributo bondad; ת = atributo rigor.
- **Versículo:** «Hazte dos trompetas de plata, hazlas labradas y serán tuyas para convocar a la asamblea y para que los campamentos se desplacen» (Números 10:2).

עשה לך שתי חצוצרת כסף מקשה תעשה אתם והיו לך למקרא העדה ולמסע את המחנות

Amram / עמרם

- **Fuente:** Éxodo 6:18
- **Valor intrínseco:** 8
- **Valor numérico –*guematria*–:** 350
- **Composición elemental:** ע = elemento agua, nivel medio; מ = elemento fuego, nivel medio; ר = elemento agua, nivel medio moderado; ם = elemento agua, nivel bajo.
- **Estructura sensorial:** ע = atributo misericordia; מ = atributo misericordia; ר = atributo rigor; ם = atributo misericordia.
- **Versículo:** «De acuerdo con la palabra de Aarón y sus hijos será toda la obra de los hijos de los gershonitas, toda su carga y toda su labor; designarás a su guarda toda su carga» (Números 4:27).

על פי אהרן ובניו תהיה כל עבדת בני הגרשני לכל משאם ולכל עבדתם ופקדתם עלהם במשמרת את כל משאם

Akiva / עקיבא

- **Fuente:** Talmud, *véase* tratado de Berajot 8b
- **Valor intrínseco:** 3
- **Valor numérico –*guematria*–:** 183
- **Composición elemental:** ע = elemento agua, nivel medio; ק = elemento aire, nivel medio moderado; י = elemento tierra, nivel alto atenuado; ב = elemento tierra, nivel alto; א = elemento fuego, nivel alto.
- **Estructura sensorial:** ע = atributo misericordia; ק = atributo rigor; י = atributo bondad; ב = atributo amor; א = atributo amor.
- **Versículo:** «Mientras él estaba hablando aún con ellos, Raquel llegó con las ovejas de su padre, pues ella era pastora» (Génesis 29:9).

עודנו מדבר עמם ורחל באה עם הצאן אשר לאביה כי רעה הוא

PE (פ)

Pinjas / פנחס

- **Fuente:** Éxodo 6:25
- **Valor intrínseco:** 9
- **Valor numérico –*guematria*–:** 198
- **Composición elemental:** פ = elemento fuego, nivel medio moderado; נ = elemento tierra, nivel medio; ח = elemento agua, nivel alto moderado; ס = elemento aire, nivel alto atenuado.
- **Estructura sensorial:** פ = atributo rigor; נ = atributo misericordia; ח = atributo bondad; ס = atributo misericordia.
- **Versículo:** «El Eterno posee peso y balanzas justas; obra de Él son todas las pesas de la bolsa» (Proverbios 16:11).

פלס ומאזני משפט ליהוה מעשהו כל אבני כיס

Nombres que comienzan con

TZADI (צ)

Tzvi / צבי

- **Fuente:** significa «esplendor», *véase* Isaías 13:19; y también significa «ciervo», *véase* II Samuel 2:18.
- **Valor intrínseco:** 3
- **Valor numérico –*guematria*–:** 102
- **Composición elemental:** צ = elemento tierra, nivel medio moderado; ב = elemento tierra, nivel alto; י = elemento tierra, nivel alto atenuado.
- **Estructura sensorial:** צ = atributo rigor; ב = atributo amor; י = atributo bondad.
- **Versículo:** «Soy yo joven y despreciado, mas no me he olvidado de Tus ordenanzas» (Salmos 119:141).

צעיר אנכי ונבזה פקדיך לא שכחתי

Tzadok / צדוק

- **Fuente:** II Samuel 15:24
- **Valor intrínseco:** 2
- **Valor numérico –*guematria*–:** 200
- **Composición elemental:** צ = elemento tierra, nivel medio moderado; ד = elemento agua, nivel alto; ו = elemento tierra, nivel alto moderado; ק = elemento aire, nivel medio moderado.
- **Estructura sensorial:** צ = atributo rigor; ד = atributo amor; ו = atributo amor; ק = atributo rigor.

- **Versículo:** «Tu cuello, como torre de marfil; tus ojos, como las fuentes de Jeshvón junto al portal de Bat Rabim; tu nariz, como la torre del Líbano, que mira hacia Damasco» (Cantar de los Cantares 7:5).

צוארך כמגדל השן עיניך ברכות בחשבון על שער בת רבים אפך כמגדל הלבנון צופה פני דמשק

Tzidkiahu / צדקיהו

- **Fuente:** *véase* Jeremías 27:12
- **Valor intrínseco:** 8
- **Valor numérico –*guematria*–:** 215
- **Composición elemental:** צ = elemento tierra, nivel medio moderado; ד = elemento agua, nivel alto; ק = elemento aire, nivel medio moderado; י = elemento tierra, nivel alto atenuado; ה = elemento fuego, nivel alto moderado; ו = elemento tierra, nivel alto moderado.
- **Estructura sensorial:** צ = atributo rigor; ד = atributo amor; ק = atributo rigor; י = atributo bondad; ה = atributo amor; ו = atributo amor.
- **Versículo:** «Imparte órdenes a los Hijos de Israel y diles: una ofrenda, alimento para Mis fuegos, un aroma agradable, seréis cuidadosos de ofrendarme en el tiempo designado» (Números 28:2).

צו את בני ישראל ואמרת אלהם את קרבני לחמי לאשי ריח ניחחי תשמרו להקריב לי במועדו

Tzion / ציון

- **Fuente:** *véase* I Reyes 8:1, es uno de los nombres de Israel.
- **Valor intrínseco:** 3
- **Valor numérico –*guematria*–:** 156
- **Composición elemental:** צ = elemento tierra, nivel medio moderado; י = elemento tierra, nivel alto atenuado; ו = elemento tierra, nivel alto moderado; ן = elemento fuego, nivel bajo.
- **Estructura sensorial:** צ = atributo rigor; י = atributo bondad; ו = atributo amor; ן = atributo misericordia.

- **Versículo:** «Ordena a los sacerdotes que llevan El arca del Testimonio que suban del Jordán» (Josué 4:16).

צוה את הכהנים נשאי ארון העדות ויעלו מן הירדן

Tzemaj / צמח

- **Fuente:** Zacarías 3:8
- **Valor intrínseco:** 3
- **Valor numérico –*guematria*–:** 138
- **Composición elemental:** צ = elemento tierra, nivel medio moderado; מ = elemento fuego, nivel medio; ח = elemento agua, nivel alto moderado.
- **Estructura sensorial:** צ = atributo rigor; מ = atributo misericordia; ח = atributo bondad.
- **Versículo:** «Preguntarán por el camino de Tzión, hacia donde volverán sus rostros, diciendo: venid, y unámonos a El Eterno con pacto eterno que jamás sea olvidado» (Jeremías 50:5).

ציון ישאלו דרך הנה פניהם באו ונלוו אל יהוה ברית עולם לא תשכח

Tzfania / צפניה

- **Fuente:** Sofonías 1:1
- **Valor intrínseco:** 1
- **Valor numérico –*guematria*–:** 235
- **Composición elemental:** צ = elemento tierra, nivel medio moderado; פ = elemento fuego, nivel medio moderado; נ = elemento tierra, nivel medio; י = elemento tierra, nivel alto atenuado; ה = elemento fuego, nivel alto moderado.
- **Estructura sensorial:** צ = atributo rigor; פ = atributo rigor; נ = atributo misericordia; י = atributo bondad; ה = atributo amor.
- **Versículo:** «Ordena a los Hijos de Israel y diles: cuando lleguéis a la tierra de Canaán, ésta es la tierra destinada a vosotros por herencia, la tierra de Canaán, según sus límites» (Números 34:2).

צו את בני ישראל ואמרת אלהם כי אתם באים אל הארץ כנען זאת הארץ אשר תפל לכם בנחלה ארץ כנען לגבלתיה

Nombres que comienzan con

KUF (ק)

Kadosh / קדוש

- **Fuente:** *véase* Levítico 7:6, significa «santo».
- **Valor intrínseco:** 5
- **Valor numérico –*guematria*–:** 410
- **Composición elemental:** ק = elemento aire, nivel medio moderado; ד = elemento agua, nivel alto; ו = elemento tierra, nivel alto moderado; ש = elemento fuego, nivel medio atenuado.
- **Estructura sensorial:** ק = atributo rigor; ד = atributo amor; ו = atributo amor; ש = atributo rigor.
- **Versículo:** «Serán santos para su Dios y no profanarán el nombre de su Dios; pues las ofrendas ígneas de El Eterno, el alimento de su Dios, ellos ofrendan, y sarán santos» (Levítico 21:6).

קדשים יהיו לאלהיהם ולא יחללו שם אלהיהם כי את אשי יהוה לחם אלהיהם הם מקריבם והיו קדש

Kadmiel / קדמיאל

- **Fuente:** Esdras 3:9
- **Valor intrínseco:** 5
- **Valor numérico –*guematria*–:** 185
- **Composición elemental:** ק = elemento aire, nivel medio moderado; ד = elemento agua, nivel alto; מ = elemento fuego, nivel medio; י = elemento tierra, nivel alto atenuado; א = elemento fuego, nivel alto; ל = elemento agua, nivel alto atenuado;
- **Estructura sensorial:** ק = atributo rigor; ד = atributo amor; מ = atributo misericordia; י = atributo bondad; א = atributo amor; ל = atributo misericordia.

Versículo: «Voz de alabanza y de salvación hay en las tiendas de los justos; la diestra de El Eterno hace proezas» (Salmos 118:15).

קול רנה וישועה באהלי צדיקים ימין יהוה עשה חיל

Kehat / קהת

- **Fuente:** Génesis 46:11
- **Valor intrínseco:** 1
- **Valor numérico –*guematria*–:** 505
- **Composición elemental:** ק = elemento aire, nivel medio moderado; ה = elemento fuego, nivel alto moderado; ת = elemento tierra, nivel medio atenuado.
- **Estructura sensorial:** ק = atributo rigor; ה = atributo amor; ת = atributo rigor.
- **Versículo:** «Tomad de vosotros una ofrenda para El Eterno, todo aquel cuyo corazón lo impulse a dar traerá como ofrenda para El Eterno oro, plata y cobre» (Éxodo 35:5).

קחו מאתכם תרומה ליהוה כל נדיב לבו יביאה את תרומת יהוה זהב וכסף ונחשת

Koraj / קרח

- **Fuente:** Números 16:1
- **Valor intrínseco:** 2
- **Valor numérico –*guematria*–:** 308
- **Composición elemental:** ק = elemento aire, nivel medio moderado; ר = elemento agua, nivel medio moderado; ח = elemento agua, nivel alto moderado.
- **Estructura sensorial:** ק = atributo rigor; ר = atributo rigor; ח = atributo bondad.
- **Versículo:** «Como ofrenda de primicias las ofreceréis a El Eterno; mas no subirán sobre el Altar en aroma agradable» (Levítico 2:12).

קרבן ראשית תקריבו אתם ליהוה ואל המזבח לא יעלו לריח ניחח

Nombres que comienzan con

REISH (ר)

Reubén / ראובן

- **Fuente:** Génesis 29:32
- **Valor intrínseco:** 7
- **Valor numérico –*guematria*–:** 259
- **Composición elemental:** ר = elemento agua, nivel medio moderado; א = elemento fuego, nivel alto; ו = elemento tierra, nivel alto moderado; ב = elemento tierra, nivel alto; ן = elemento fuego, nivel bajo.
- **Estructura sensorial:** ר = atributo rigor; א = atributo amor; ו = atributo amor; ב = atributo amor; ן = atributo misericordia.
- **Versículo:** «Observa: he aquí que esto he hallado, dice el Predicador; una a una las acciones del hombre son contabilizadas por El Santo, Bendito Sea, y se acumulan en una cuenta» (Eclesiastés 7:27).

ראה זה מצאתי אמרה קהלת אחת לאחת למצא חשבון

Ron / רון

- **Fuente:** *véase* Isaías 44:23, significa «contento».
- **Valor intrínseco:** 4
- **Valor numérico –*guematria*–:** 256
- **Composición elemental:** ר = elemento agua, nivel medio moderado; ו = elemento tierra, nivel alto moderado; ן = elemento fuego, nivel bajo.
- **Estructura sensorial:** ר = atributo rigor; ו = atributo amor; ן = atributo misericordia.

- **Versículo:** «Observa: he aquí que esto he hallado, dice el Predicador; una a una las acciones del hombre son contabilizadas por El Santo, Bendito Sea, y se acumulan en una cuenta» (Eclesiastés 7:27).

ראה זה מצאתי אמרה קהלת אחת לאחת למצא חשבון

Ronén / רונן

- **Fuente:** deriva de Ron
- **Valor intrínseco:** 9
- **Valor numérico –guematria–:** 306
- **Composición elemental:** ר = elemento agua, nivel medio moderado; ו = elemento tierra, nivel alto moderado; נ = elemento tierra, nivel medio; ן = elemento fuego, nivel bajo.
- **Estructura sensorial:** ר = atributo rigor; ו = atributo amor; נ = atributo misericordia; ן = atributo misericordia.
- **Versículo:** «Observa: he aquí que esto he hallado, dice el Predicador; una a una las acciones del hombre son contabilizadas por El Santo, Bendito Sea, y se acumulan en una cuenta» (Eclesiastés 7:27).

ראה זה מצאתי אמרה קהלת אחת לאחת למצא חשבון

Raziel / רזיאל

- **Fuente:** I Zohar 55b, es el nombre de un ángel.
- **Valor intrínseco:** 5
- **Valor numérico –guematria–:** 248
- **Composición elemental:** ר = elemento agua, nivel medio moderado; ז = elemento aire, nivel alto moderado; י = elemento tierra, nivel alto atenuado; א = elemento fuego, nivel alto; ל = elemento agua, nivel alto atenuado.
- **Estructura sensorial:** ר = atributo rigor; ז = atributo bondad; י = atributo bondad; א = atributo amor; ל = atributo misericordia.

- **Versículo:** «Observad, ahora, que Yo, Yo soy Él, y no hay dios junto a Mí; Yo hago morir y hago vivir, Yo golpeo y Yo curo, y no hay quien salve de Mi mano» (Deuteronomio 32:39).

ראו עתה כי אני אני הוא ואין אלהים עמדי אני אמית ואחיה מחצתי ואני ארפא ואין מידי מציל

Rejavia / רחביה

- **Fuente:** I Crónicas 23:17
- **Valor intrínseco:** 9
- **Valor numérico –*guematria*–:** 225
- **Composición elemental:** ר = elemento agua, nivel medio moderado; ח = elemento agua, nivel alto moderado; ב = elemento tierra, nivel alto; י = elemento tierra, nivel alto atenuado; ה = elemento fuego, nivel alto moderado.
- **Estructura sensorial:** ר = atributo rigor; ח = atributo bondad; ב = atributo amor; י = atributo bondad; ה = atributo amor.
- **Versículo:** «La primicia de vuestra masa, una torta como ofrenda separaréis, como la porción de la era, así la separaréis» (Números 15:20).

ראשית ערסתכם חלה תרימו תרומה כתרומת גרן כן תרימו אתה

Rajamim / רחמים

- **Fuente:** *véase* Génesis 43:14, significa «misericordia».
- **Valor intrínseco:** 1
- **Valor numérico –*guematria*–:** 298
- **Composición elemental:** ר = elemento agua, nivel medio moderado; ח = elemento agua, nivel alto moderado; מ = elemento fuego, nivel medio; י = elemento tierra, nivel alto atenuado; ם = elemento agua, nivel bajo.
- **Estructura sensorial:** ר = atributo rigor; ח = atributo bondad; מ = atributo misericordia; י = atributo bondad; ם = atributo misericordia.

- **Versículo:** «Observad, he puesto ante vosotros la Tierra; venid y poseed la Tierra que El Eterno juró a vuestros antepasados, a Abraham, a Isaac y a Jacob, para dársela a ellos y a su descendencia posterior» (Deuteronomio 1:8).

ראה נתתי לפניכם את הארץ באו ורשו את הארץ אשר נשבע יהוה לאבתיכם לאברהם ליצחק וליעקב לתת להם ולזרעם אחריהם

Ram / רם

- **Fuente:** Rut 4:19
- **Valor intrínseco:** 6
- **Valor numérico –*guematria*–:** 240
- **Composición elemental:** ר = elemento agua, nivel medio moderado; ם = elemento agua, nivel bajo.
- **Estructura sensorial:** ר = atributo rigor; ם = atributo misericordia.
- **Versículo:** «Observad, he puesto ante vosotros la Tierra; venid y poseed la Tierra que El Eterno juró a vuestros antepasados, a Abraham, a Isaac y a Jacob, para dársela a ellos y a su descendencia posterior» (Deuteronomio 1:8).

ראה נתתי לפניכם את הארץ באו ורשו את הארץ אשר נשבע יהוה לאבתיכם לאברהם ליצחק וליעקב לתת להם ולזרעם אחריהם

Rami / רמי

- **Fuente:** deriva de Ram
- **Valor intrínseco:** 7
- **Valor numérico –*guematria*–:** 250
- **Composición elemental:** ר = elemento agua, nivel medio moderado; מ = elemento fuego, nivel medio; י = elemento tierra, nivel alto atenuado.
- **Estructura sensorial:** ר = atributo rigor; מ = atributo misericordia; י = atributo bondad.
- **Versículo:** «Observad que El Eterno os ha dado el Shabat; por eso Él os da el sexto día una porción doble de pan; que cada

hombre permanezca en su sitio, que ningún hombre abandone su sitio el séptimo día» (Éxodo 16:29).

ראו כי יהוה נתן לכם השבת על כן הוא נתן לכם ביום הששי לחם יומים שבו איש תחתיו אל יצא איש ממקמו ביום השביעי

Refael / רפאל

- **Fuente:** I Crónicas 26:7
- **Valor intrínseco:** 5
- **Valor numérico –*guematria*–:** 311
- **Composición elemental:** ר = elemento agua, nivel medio moderado; פ = elemento fuego, nivel medio moderado; א = elemento fuego, nivel alto; ל = elemento agua, nivel alto atenuado.
- **Estructura sensorial:** ר = atributo rigor; פ = atributo rigor; א = atributo amor; ל = atributo misericordia.
- **Versículo:** «Observad, ahora, que Yo, Yo soy Él, y no hay dios junto a Mí; Yo hago morir y hago vivir, Yo golpeo y Yo curo, y no hay quien salve de Mi mano» (Deuteronomio 32:39).

ראו עתה כי אני אני הוא ואין אלהים עמדי אני אמית ואחיה מחצתי ואני ארפא ואין מידי מציל

Nombres que comienzan con

SHIN (שׁ)

Shaul / שאול

- **Fuente:** I Samuel 9:2
- **Valor intrínseco:** 4
- **Valor numérico –guematria–:** 337
- **Composición elemental:** שׁ = elemento fuego, nivel medio atenuado; א = elemento fuego, nivel alto; ו = elemento tierra, nivel alto moderado; ל = elemento agua, nivel alto atenuado.
- **Estructura sensorial:** שׁ = atributo rigor; א = atributo amor; ו = atributo amor; ל = atributo misericordia.
- **Versículo:** «Tres veces en el año todos tus varones aparecerán ante El Señor, El Eterno, Dios de Israel» (Éxodo 34:23).

שלש פעמים בשנה יראה כל זכורך את פני האדן יהוה אלהי ישראל

Shaltiel / שאלתיאל

- **Fuente:** I Crónicas 3:17
- **Valor intrínseco:** 7
- **Valor numérico –guematria–:** 772
- **Composición elemental:** שׁ = elemento fuego, nivel medio atenuado; א = elemento fuego, nivel alto; ל = elemento agua, nivel alto atenuado; ת = elemento tierra, nivel medio atenuado; י = elemento tierra, nivel alto atenuado; א = elemento fuego, nivel alto; ל = elemento agua, nivel alto atenuado.
- **Estructura sensorial:** שׁ = atributo rigor; א = atributo amor; ל = atributo misericordia; ת = atributo rigor; י = atributo bondad; א = atributo amor; ל = atributo misericordia.

- **Versículo:** «Tres veces en el año todos tus varones aparecerán ante El Señor, El Eterno, Dios de Israel» (Éxodo 34:23).

שלש פעמים בשנה יראה כל זכורך את פני האדן יהוה אלהי ישראל

Shabat / שבת

- **Fuente:** *véase* Génesis 2:3, significa «Día de Reposo».
- **Valor intrínseco:** 9
- **Valor numérico –*guematria*–:** 702
- **Composición elemental:** ש = elemento fuego, nivel medio atenuado; ב = elemento tierra, nivel alto; ת = elemento tierra, nivel medio atenuado.
- **Estructura sensorial:** ש = atributo rigor; ב = atributo amor; ת = atributo rigor.
- **Versículo:** «Seis días trabajarás y el séptimo día cesarás; de sembrar y cosechar cesarás» (Éxodo 34:21).

ששת ימים תעבד וביום השביעי תשבת בחריש ובקציר תשבת

Shabetai / שבתאי

- **Fuente:** Talmud, *véase* tratado de Beitzá 32b
- **Valor intrínseco:** 2
- **Valor numérico –*guematria*–:** 713
- **Composición elemental:** ש = elemento fuego, nivel medio atenuado; ב = elemento tierra, nivel alto; ת = elemento tierra, nivel medio atenuado; א = elemento fuego, nivel alto; י = elemento tierra, nivel alto atenuado.
- **Estructura sensorial:** ש = atributo rigor; ב = atributo amor; ת = atributo rigor; א = atributo amor; י = atributo bondad.
- **Versículo:** «Siete días comeréis pan ácimo, pero el día primero anularéis la levadura de vuestras casas; pues todo el que comiere leudado, esa alma será tronchada de Israel, desde el primer día hasta el séptimo día» (Éxodo 12:15).

שבעת ימים מצות תאכלו אך ביום הראשון תשביתו שאר מבתיכם כי כל אכל חמץ ונכרתה הנפש ההוא מישראל מיום הראשן עד יום השבעי

Shalom / שלום

- **Fuente:** *véase* II Reyes 15:13
- **Valor intrínseco:** 7
- **Valor numérico –*guematria*–:** 376
- **Composición elemental:** ש = elemento fuego, nivel medio atenuado; ל = elemento agua, nivel alto atenuado; ו = elemento tierra, nivel alto moderado; ם = elemento agua, nivel bajo.
- **Estructura sensorial:** ש = atributo rigor; ל = atributo misericordia; ו = atributo amor; ם = atributo misericordia.
- **Versículo:** «Seis días se realizará labor, y el séptimo día es día de absoluto descanso, santa convocación, no haréis ninguna labor; es Shabat para El Eterno, en todos vuestros lugares de residencia» (Levítico 23:3).

  ששת ימים תעשה מלאכה וביום השביעי שבת שבתון מקרא קדש כל מלאכה לא תעשו שבת הוא ליהוה בכל מושבתיכם

Shlomo / שלמה

- **Fuente:** II Samuel 12:24
- **Valor intrínseco:** 6
- **Valor numérico –*guematria*–:** 375
- **Composición elemental:** ש = elemento fuego, nivel medio atenuado; ל = elemento agua, nivel alto atenuado; מ = elemento fuego, nivel medio; ה = elemento fuego, nivel alto moderado.
- **Estructura sensorial:** ש = atributo rigor; ל = atributo misericordia; מ = atributo misericordia; ה = atributo amor.
- **Versículo:** «Tu vestimenta no se desgastó sobre ti, y tus pies no se hincharon durante esos cuarenta años» (Deuteronomio 8:4).

  שמלתך לא בלתה מעליך ורגלך לא בצקה זה ארבעים שנה

Shem / שם

- **Fuente:** Génesis 5:32
- **Valor intrínseco:** 7
- **Valor numérico –*guematria*–:** 340
- **Composición elemental:** ש = elemento fuego, nivel medio atenuado; ם = elemento agua, nivel bajo.
- **Estructura sensorial:** ש = atributo rigor; ם = atributo misericordia.
- **Versículo:** «Seis días se realizará labor, y el séptimo día es día de absoluto descanso, santa convocación, no haréis ninguna labor; es Shabat para El Eterno, en todos vuestros lugares de residencia» (Levítico 23:3).

ששת ימים תעשה מלאכה וביום השביעי שבת שבתון מקרא קדש כל מלאכה לא תעשו שבת הוא ליהוה בכל מושבתיכם

Shamgar / שמגר

- **Fuente:** Jueces 3:31
- **Valor intrínseco:** 3
- **Valor numérico –*guematria*–:** 543
- **Composición elemental:** ש = elemento fuego, nivel medio atenuado; מ = elemento fuego, nivel medio; ג = elemento aire, nivel alto; ר = elemento agua, nivel medio moderado.
- **Estructura sensorial:** ש = atributo rigor; מ = atributo misericordia; ג = atributo amor; ר = atributo rigor.
- **Versículo:** «Seis días harás tus actividades, y al séptimo día cesarás, para que tu toro y tu asno descansen, y recobren fuerzas el hijo de tu sirvienta y el residente» (Éxodo 23:12).

ששת ימים תעשה מעשיך וביום השביעי תשבת למען ינוח שורך וחמרך וינפש בן אמתך והגר

Shmuel / שמואל

- **Fuente:** I Samuel 1:20
- **Valor intrínseco:** 8

- **Valor numérico –*guematria*–:** 377
- **Composición elemental:** שׁ = elemento fuego, nivel medio atenuado; מ = elemento fuego, nivel medio; ו = elemento tierra, nivel alto moderado; א = elemento fuego, nivel alto; ל = elemento agua, nivel alto atenuado.
- **Estructura sensorial:** שׁ = atributo rigor; מ = atributo misericordia; ו = atributo amor; א = atributo amor; ל = atributo misericordia.
- **Versículo:** «Tres veces en el año todos tus varones aparecerán ante El Señor, El Eterno, Dios de Israel» (Éxodo 34:23).

שלש פעמים בשנה יראה כל זכורך את פני האדן יהוה אלהי ישראל

Simja / שמחה

- **Fuente:** *véase* I Reyes 1:40, significa «alegría».
- **Valor intrínseco:** 2
- **Valor numérico –*guematria*–:** 353
- **Composición elemental:** שׁ = elemento fuego, nivel medio atenuado; מ = elemento fuego, nivel medio; ח = elemento agua, nivel alto moderado; ה = elemento fuego, nivel alto moderado.
- **Estructura sensorial:** שׁ = atributo rigor; מ = atributo misericordia; ח = atributo bondad; ה = atributo amor.
- **Versículo:** «Tu vestimenta no se desgastó sobre ti, y tus pies no se hincharon durante esos cuarenta años» (Deuteronomio 8:4).

שמלתך לא בלתה מעליך ורגלך לא בצקה זה ארבעים שנה

Shamir / שמיר

- **Fuente:** I Crónicas 24:24
- **Valor intrínseco:** 1
- **Valor numérico –*guematria*–:** 550
- **Composición elemental:** שׁ = elemento fuego, nivel medio atenuado; מ = elemento fuego, nivel medio; י = elemento tierra, nivel alto atenuado; ר = elemento agua, nivel medio moderado.

- **Estructura sensorial:** ש = atributo rigor; מ = atributo misericordia; י = atributo bondad; ר = atributo rigor.
- **Versículo:** «Seis días harás tus actividades, y al séptimo día cesarás, para que tu toro y tu asno descansen, y recobren fuerzas el hijo de tu sirvienta y el residente» (Éxodo 23:12).

ששת ימים תעשה מעשיך וביום השביעי תשבת למען ינוח שורך וחמרך וינפש בן אמתך והגר

Shimón / שמעון

- **Fuente:** Génesis 29:33
- **Valor intrínseco:** 7
- **Valor numérico –*guematria*–:** 466
- **Composición elemental:** ש = elemento fuego, nivel medio atenuado; מ = elemento fuego, nivel medio; ע = elemento agua, nivel medio; ו = elemento tierra, nivel alto moderado; ן = elemento fuego, nivel bajo.
- **Estructura sensorial:** ש = atributo rigor; מ = atributo misericordia; ע = atributo misericordia; ו = atributo amor; ן = atributo misericordia.
- **Versículo:** «El pueblo salía a buscarlo y lo recogía, y lo molía en un molino o lo aplastaba en un mortero, y lo cocía en una olla o hacía tortas, y tenía el sabor de masa preparada con aceite» (Números 11:8).

שטו העם ולקטו וטחנו ברחים או דכו במדכה ובשלו בפרור ועשו אתו עגות והיה טעמו כטעם לשד השמן

Shimshon / שמשון

- **Fuente:** Jueces 13:24
- **Valor intrínseco:** 3
- **Valor numérico –*guematria*–:** 696
- **Composición elemental:** ש = elemento fuego, nivel medio atenuado; מ = elemento fuego, nivel medio; ש = elemento fuego, nivel medio atenuado; ו = elemento tierra, nivel alto moderado; ן = elemento fuego, nivel bajo.

- **Estructura sensorial:** שׁ = atributo rigor; מ = atributo misericordia; שׁ = atributo rigor; ו = atributo amor; ן = atributo misericordia.
- **Versículo:** «El pueblo salía a buscarlo y lo recogía, y lo molía en un molino o lo aplastaba en un mortero, y lo cocía en una olla o hacía tortas, y tenía el sabor de masa preparada con aceite» (Números 11:8).

שטו העם ולקטו וטחנו ברחים או דכו במדכה ובשלו בפרור ועשו אתו עגות והיה טעמו כטעם לשד השמן

Sasón / שׂשׂון

- **Fuente:** *véase* Isaías 22:13, significa «regocijo».
- **Valor intrínseco:** 8
- **Valor numérico –*guematria*–:** 656
- **Composición elemental:** שׂ = elemento fuego, nivel medio atenuado; שׂ = elemento fuego, nivel medio atenuado; ו = elemento tierra, nivel alto moderado; ן = elemento fuego, nivel bajo.
- **Estructura sensorial:** שׂ = atributo rigor; שׂ = atributo rigor; ו = atributo amor; ן = atributo misericordia.
- **Versículo:** «El pueblo salía a buscarlo y lo recogía, y lo molía en un molino o lo aplastaba en un mortero, y lo cocía en una olla o hacía tortas, y tenía el sabor de masa preparada con aceite» (Números 11:8).

שטו העם ולקטו וטחנו ברחים או דכו במדכה ובשלו בפרור ועשו אתו עגות והיה טעמו כטעם לשד השמן

Nombres que comienzan con

TAV (ת)

Tuval / תובל

- **Fuente:** *véase* Isaías 66:19
- **Valor intrínseco:** 6
- **Valor numérico –*guematria*–:** 438
- **Composición elemental:** ת = elemento tierra, nivel medio atenuado; ו = elemento tierra, nivel alto moderado; ב = elemento tierra, nivel alto; ל = elemento agua, nivel alto atenuado.
- **Estructura sensorial:** ת = atributo rigor; ו = atributo amor; ב = atributo amor; ל = atributo misericordia.
- **Versículo:** «Porque no serviste a El Eterno, tu Dios, con alegría y con bondad de corazón, por la abundancia de todo» (Deuteronomio 28:47).

תחת אשר לא עבדת את יהוה אלהיך בשמחה ובטוב לבב מרב כל

Tanjum / תנחום

- **Fuente:** Talmud, *véase* tratado de Berajot 6b
- **Valor intrínseco:** 9
- **Valor numérico –*guematria*–:** 504
- **Composición elemental:** ת = elemento tierra, nivel medio atenuado; נ = elemento tierra, nivel medio; ח = elemento agua, nivel alto moderado; ו = elemento tierra, nivel alto moderado; ם = elemento agua, nivel bajo.
- **Estructura sensorial:** ת = atributo rigor; נ = atributo misericordia; ח = atributo bondad; ו = atributo amor; ם = atributo misericordia.

- **Versículo:** «Una ley –Torá– habrá para el nativo, y para el prosé-
lito que habita entre vosotros» (Éxodo 12:49).

תורה אחת יהיה לאזרח ולגר הגר בתוככם

NOMBRES
FEMENINOS

Nombres que comienzan con

ALEF (א)

Abigail / אביגיל

- **Fuente:** I Samuel 25:3
- **Valor intrínseco:** 2
- **Valor numérico –*guematria*–:** 56
- **Composición elemental:** א = elemento fuego, nivel alto; ב = elemento tierra, nivel alto; י = elemento tierra, nivel alto atenuado; ג = elemento aire, nivel alto; י = elemento tierra, nivel alto atenuado; ל = elemento agua, nivel alto atenuado.
- **Estructura sensorial:** א = atributo amor; ב = atributo amor; י = atributo bondad; ג = atributo amor; י = atributo bondad; ל = atributo misericordia.
- **Versículo:** «Vosotros estáis de pie hoy, todos vosotros, ante El Eterno, vuestro Dios; las cabezas de vuestras tribus, vuestros ancianos y vuestros oficiales, todos los hombres de Israel» (Deuteronomio 29:9).

אתם נצבים היום כלכם לפני יהוה אלהיכם ראשיכם שבטיכם זקניכם ושטריכם כל איש ישראל

Avishag / אבישג

- **Fuente:** I Reyes 1:3
- **Valor intrínseco:** 1
- **Valor numérico –*guematria*–:** 316
- **Composición elemental:** א = elemento fuego, nivel alto; ב = elemento tierra, nivel alto; י = elemento tierra, nivel alto atenuado; ש = elemento fuego, nivel medio atenuado; ג = elemento aire, nivel alto.

- **Estructura sensorial:** א = atributo amor; ב = atributo amor; י = atributo bondad; ש = atributo rigor; ג = atributo amor.
- **Versículo:** «Recuerdo esto y mi alma se derrite dentro de mí; cuando fui con la multitud, dando pequeños pasos hasta llegar a la casa de Dios, con voces de agradecimiento y de alabanza de la multitud que festejaba» (Salmos 42:5).

אלה אזכרה ואשפכה עלי נפשי כי אעבר בסך אדדם עד בית אלהים בקול רנה ותודה המון חוגג

Ahuba / אהובה

- **Fuente:** Deuteronomio 21:15, significa «amada».
- **Valor intrínseco:** 1
- **Valor numérico –*guematria*–:** 19
- **Composición elemental:** א = elemento fuego, nivel alto; ה = elemento fuego, nivel alto moderado; ו = elemento tierra, nivel alto moderado; ב = elemento tierra, nivel alto; ה = elemento fuego, nivel alto moderado.
- **Estructura sensorial:** א = atributo amor; ה = atributo amor; ו = atributo amor; ב = atributo amor; ה = atributo amor.
- **Versículo:** «Mis Shabat observaréis y Mi Santuario temeréis, Yo soy El Eterno» (Levítico 19:30).

את שבתתי תשמרו ומקדשי תיראו אני יהוה

Or / אור

- **Fuente:** Génesis 1:3, significa «luz».
- **Valor intrínseco:** 9
- **Valor numérico –*guematria*–:** 207
- **Composición elemental:** א = elemento fuego, nivel alto; ו = elemento tierra, nivel alto moderado; ר = elemento agua, nivel medio moderado.
- **Estructura sensorial:** א = atributo amor; ו = atributo amor; ר = atributo rigor.

- **Versículo:** «El candelabro puro, sus lámparas, las lámparas del orden prescrito y todos sus utensilios, y el aceite de iluminación» (Éxodo 39:37).

את המנרה הטהרה את נרתיה נרת המערכה ואת כל כליה ואת שמן המאור

Ora / אורה

- **Fuente:** Salmos 139:12, significa «luz».
- **Valor intrínseco:** 5
- **Valor numérico –*guematria*–:** 212
- **Composición elemental:** א = elemento fuego, nivel alto; ו = elemento tierra, nivel alto moderado; ר = elemento agua, nivel medio moderado; ה = elemento fuego, nivel alto moderado.
- **Estructura sensorial:** א = atributo amor; ו = atributo amor; ר = atributo rigor; ה = atributo amor.
- **Versículo:** «Mis Shabat observaréis y Mi Santuario temeréis: Yo soy El Eterno» (Levítico 19:30).

את שבתתי תשמרו ומקדשי תיראו אני יהוה

Orit / אורית

- **Fuente:** deriva de Or
- **Valor intrínseco:** 5
- **Valor numérico –*guematria*–:** 617
- **Composición elemental:** א = elemento fuego, nivel alto; ו = elemento tierra, nivel alto moderado; ר = elemento agua, nivel medio moderado; י = elemento tierra, nivel alto atenuado; ת = elemento tierra, nivel medio atenuado.
- **Estructura sensorial:** א = atributo amor; ו = atributo amor; ר = atributo rigor; י = atributo bondad; ת = atributo rigor.
- **Versículo:** «Lo veré, pero no ahora, lo miraré, pero no está cerca; una estrella ha surgido de Jacob y un portador de cetro ha subido de Israel, y atravesará a los nobles de Moab y dominará a todos los hijos de Shet» (Números 24:17).

אראנו ולא עתה אשורנו ולא קרוב דרך כוכב מיעקב וקם שבט מישראל ומחץ פאתי מואב וקרקר כל בני שת

Ajinoam / אחינועם

- **Fuente:** I Samuel 14:50
- **Valor intrínseco:** 5
- **Valor numérico –guematria–:** 185
- **Composición elemental:** א = elemento fuego, nivel alto; ח = elemento agua, nivel alto moderado; י = elemento tierra, nivel alto atenuado; נ = elemento tierra, nivel medio; ו = elemento tierra, nivel alto moderado; ע = elemento agua, nivel medio; ם = elemento agua, nivel bajo.
- **Estructura sensorial:** א = atributo amor; ח = atributo bondad; י = atributo bondad; נ = atributo misericordia; ו = atributo amor; ע = atributo misericordia; ם = atributo misericordia.
- **Versículo:** «Yo soy El Eterno, vuestro Dios, Quien os sacó de la tierra de Egipto, para daros la tierra de Canaán, para ser Dios para vosotros» (Levítico 25:38).

אני יהוה אלהיכם אשר הוצאתי אתכם מארץ מצרים לתת לכם את ארץ כנען להיות לכם לאלהים

Izevel / איזבל

- **Fuente:** I Reyes 16:31
- **Valor intrínseco:** 5
- **Valor numérico –guematria–:** 50
- **Composición elemental:** א = elemento fuego, nivel alto; י = elemento tierra, nivel alto atenuado; ז = elemento aire, nivel alto moderado; ב = elemento tierra, nivel alto; ל = elemento agua, nivel alto atenuado.
- **Estructura sensorial:** א = atributo amor; י = atributo bondad; ז = atributo bondad; ב = atributo amor; ל = atributo misericordia.
- **Versículo** : «Vosotros estáis de pie hoy, todos vosotros, ante El Eterno, vuestro Dios, las cabezas de vuestras tribus, vuestros ancianos y vuestros oficiales, todos los hombres de Israel» (Deuteronomio 29:9).

אתם נצבים היום כלכם לפני יהוה אלהיכם ראשיכם שבטיכם זקניכם ושטריכם כל איש ישראל

Ilana / אִילָנָה

- **Fuente:** Daniel 4:7, deriva de *ilán,* significa «árbol».
- **Valor intrínseco:** 6
- **Valor numérico** *–guematria–:* 96
- **Composición elemental:** א = elemento fuego, nivel alto; י = elemento tierra, nivel alto atenuado; ל = elemento agua, nivel alto atenuado; נ = elemento tierra, nivel medio; ה = elemento fuego, nivel alto moderado.
- **Estructura sensorial:** א = atributo amor; י = atributo bondad; ל = atributo misericordia; נ = atributo misericordia; ה = atributo amor.
- **Versículo:** «Mis Shabat observaréis y Mi Santuario temeréis: Yo soy El Eterno» (Levítico 19:30).

את שבתתי תשמרו ומקדשי תיראו אני יהוה

Ela / אֵלָה

- **Fuente:** Ezequiel 6:13, es el nombre de una especie arbórea.
- **Valor intrínseco:** 9
- **Valor numérico** *–guematria–:* 36
- **Composición elemental:** א = elemento fuego, nivel alto; ל = elemento agua, nivel alto atenuado; ה = elemento fuego, nivel alto moderado.
- **Estructura sensorial:** א = atributo amor; ל = atributo misericordia; ה = atributo amor.
- **Versículo:** «Mis Shabat observaréis y Mi Santuario temeréis: Yo soy El Eterno» (Levítico 19:30).

את שבתתי תשמרו ומקדשי תיראו אני יהוה

Orli / אוֹרְלִי

- **Fuente:** combinación de los términos «*or*» más «*li*», significa «mi luz».
- **Valor intrínseco:** 4
- **Valor numérico** *–guematria–:* 247

- **Composición elemental:** א = elemento fuego, nivel alto; ו = elemento tierra, nivel alto moderado; ר = elemento agua, nivel medio moderado; ל = elemento agua, nivel alto atenuado; י = elemento tierra, nivel alto atenuado.

- **Estructura sensorial:** א = atributo amor; ו = atributo amor; ר = atributo rigor; ל = atributo misericordia; י = atributo bondad.

- **Versículo:** «Vosotros habéis visto lo que le hice a Egipto, y que os he transportado sobre alas de águilas, y os he traído hacia Mí» (Éxodo 19:4).

אתם ראיתם אשר עשיתי למצרים ואשא אתכם על כנפי נשרים ואבא אתכם אלי

Elisheva / אלישבע

- **Fuente:** Éxodo 6:23
- **Valor intrínseco:** 8
- **Valor numérico –guematria–:** 413
- **Composición elemental:** א = elemento fuego, nivel alto; ל = elemento agua, nivel alto atenuado; י = elemento tierra, nivel alto atenuado; שׁ = elemento fuego, nivel medio atenuado; ב = elemento tierra, nivel alto; ע = elemento agua, nivel medio.

- **Estructura sensorial:** א = atributo amor; ל = atributo misericordia; י = atributo bondad; שׁ = atributo rigor; ב = atributo amor; ע = atributo misericordia.

- **Versículo:** «A El Eterno, tu Dios, temerás, a Él servirás, a Él te unirás y en Su Nombre jurarás» (Deuteronomio 10:20).

את יהוה אלהיך תירא אתו תעבד ובו תדבק ובשמו תשבע

Emuna / אמונה

- **Fuente:** Éxodo 17:12, significa «fe».
- **Valor intrínseco:** 3
- **Valor numérico –guematria–:** 102

- **Composición elemental:** א = elemento fuego, nivel alto; מ = elemento fuego, nivel medio; ו = elemento tierra, nivel alto moderado; נ = elemento tierra, nivel medio; ה = elemento fuego, nivel alto moderado.
- **Estructura sensorial:** א = atributo amor; מ = atributo misericordia; ו = atributo amor; נ = atributo misericordia; ה = atributo amor.
- **Versículo:** «Mis Shabat observaréis y Mi Santuario temeréis: Yo soy El Eterno» (Levítico 19:30).

את שבתתי תשמרו ומקדשי תיראו אני יהוה

Osnat / אסנת

- **Fuente:** Génesis 41:45
- **Valor intrínseco:** 7
- **Valor numérico –guematria–:** 511
- **Composición elemental:** א = elemento fuego, nivel alto; ס = elemento aire, nivel alto atenuado; נ = elemento tierra, nivel medio; ת = elemento tierra, nivel medio atenuado.
- **Estructura sensorial:** א = atributo amor; ס = atributo misericordia; נ = atributo misericordia; ת = atributo rigor.
- **Versículo:** «Lo veré, pero no ahora, lo miraré, pero no está cerca, una estrella ha surgido de Jacob y un portador de cetro ha subido de Israel, y atravesará a los nobles de Moab y dominará a todos los hijos de Shet» (Números 24:17).

אראנו ולא עתה אשורנו ולא קרוב דרך כוכב מיעקב וקם שבט מישראל ומחץ פאתי מואב וקרקר כל בני שת

Ester / אסתר

- **Fuente:** Ester 2:7
- **Valor intrínseco:** 4
- **Valor numérico –guematria–:** 661

- **Composición elemental:** א = elemento fuego, nivel alto; ס = elemento aire, nivel alto atenuado; ת = elemento tierra, nivel medio atenuado; ר = elemento agua, nivel medio moderado.

- **Estructura sensorial:** א = atributo amor; ס = atributo misericordia; ת = atributo rigor; ר = atributo rigor.

- **Versículo:** «El candelabro puro, sus lámparas, las lámparas del orden prescrito y todos sus utensilios, y el aceite de iluminación» (Éxodo 39:37).

את המנרה הטהרה את נרתיה נרת המערכה ואת כל כליה ואת שמן המאור

Efrat / אפרת

- **Fuente:** I Crónicas 2:19
- **Valor intrínseco:** 6
- **Valor numérico –*guematria*–:** 681
- **Composición elemental:** א = elemento fuego, nivel alto; פ = elemento fuego, nivel medio moderado; ר = elemento agua, nivel medio moderado; ת = elemento tierra, nivel medio atenuado.

- **Estructura sensorial:** א = atributo amor; פ = atributo rigor; ר = atributo rigor; ת = atributo rigor.

- **Versículo:** «Lo veré, pero no ahora, lo miraré, pero no está cerca, una estrella ha surgido de Jacob y un portador de cetro ha subido de Israel, y atravesará a los nobles de Moab y dominará a todos los hijos de Shet» (Números 24:17).

אראנו ולא עתה אשורנו ולא קרוב דרך כוכב מיעקב וקם שבט מישראל ומחץ פאתי מואב וקרקר כל בני
שת

BET (ב)

Bilah / בלהה

- **Fuente:** Génesis 29:29
- **Valor intrínseco:** 6
- **Valor numérico –*guematria*–:** 42
- **Composición elemental:** ב = elemento tierra, nivel alto; ל = elemento agua, nivel alto atenuado; ה = elemento fuego, nivel alto moderado; ה = elemento fuego, nivel alto moderado.
- **Estructura sensorial:** ב = atributo amor; ל = atributo misericordia; ה = atributo amor; ה = atributo amor.
- **Versículo:** «En el primer mes, el catorce del mes por la tarde, es Pesaj para El Eterno» (Levítico 23:5).

בחדש הראשון בארבעה עשר לחדש בין הערבים פסח ליהוה

Bruria / ברוריה

- **Fuente:** Talmud, *véase* tratado de Eiruvin 53b
- **Valor intrínseco:** 9
- **Valor numérico –*guematria*–:** 423
- **Composición elemental:** ב = elemento tierra, nivel alto; ר = elemento agua, nivel medio moderado; ו = elemento tierra, nivel alto moderado; ר = elemento agua, nivel medio moderado; י = elemento tierra, nivel alto atenuado; ה = elemento fuego, nivel alto moderado.
- **Estructura sensorial:** ב = atributo amor; ר = atributo rigor; ו = atributo amor; ר = atributo rigor; י = atributo bondad; ה = atributo amor.

- **Versículo:** «En el primer mes, el catorce del mes por la tarde, es Pesaj para El Eterno» (Levítico 23:5).

בחדש הראשון בארבעה עשר לחדש בין הערבים פסח ליהוה

Beraja / ברכה

- **Fuente:** Génesis 12:2, significa «bendición».
- **Valor intrínseco:** 2
- **Valor numérico –*guematria*–:** 227
- **Composición elemental:** ב = elemento tierra, nivel alto; ר = elemento agua, nivel medio moderado; כ = elemento aire, nivel medio; ה = elemento fuego, nivel alto moderado.
- **Estructura sensorial:** ב = atributo amor; ר = atributo rigor; כ = atributo misericordia; ה = atributo amor.
- **Versículo:** «En el primer mes, el catorce del mes por la tarde, es Pesaj para El Eterno» (Levítico 23:5).

בחדש הראשון בארבעה עשר לחדש בין הערבים פסח ליהוה

Nombres que comienzan con

GUIMEL (ג)

Gueula / גאלה

- **Fuente:** Levítico 25:24, significa «redención».
- **Valor intrínseco:** 3
- **Valor numérico –guematria–:** 39
- **Composición elemental:** ג = elemento aire, nivel alto; א = elemento fuego, nivel alto; ל = elemento agua, nivel alto atenuado; ה = elemento fuego, nivel alto moderado.
- **Estructura sensorial:** ג = atributo amor; א = atributo amor; ל = atributo misericordia; ה = atributo amor.
- **Versículo:** «Harás para ti hebras trenzadas en las cuatro esquinas de la vestimenta con que te cubres» (Deuteronomio 22:12).

גדלים תעשה לך על ארבע כנפות כסותך אשר תכסה בה

Guila / גילה

- **Fuente:** Isaías 65:18, significa «alegría».
- **Valor intrínseco:** 3
- **Valor numérico –guematria–:** 48
- **Composición elemental:** ג = elemento aire, nivel alto; י = elemento tierra, nivel alto atenuado; ל = elemento agua, nivel alto atenuado; ה = elemento fuego, nivel alto moderado.
- **Estructura sensorial:** ג = atributo amor; י = atributo bondad; ל = atributo misericordia; ה = atributo amor.
- **Versículo:** «Harás para ti hebras trenzadas en las cuatro esquinas de la vestimenta con que te cubres» (Deuteronomio 22:12).

גדלים תעשה לך על ארבע כנפות כסותך אשר תכסה בה

Galia / גליה

- **Fuente:** está formado por la palabra: *gal*, que significa «onda», y *ia*, un nombre de Dios, *véase* Zacarías 10:11, y *véase* Éxodo 17:16; significa «la onda de Dios».

- **Valor intrínseco:** 3

- **Valor numérico −*guematria*−:** 48

- **Composición elemental:** ג = elemento aire, nivel alto; ל = elemento agua, nivel alto atenuado; י = elemento tierra, nivel alto atenuado; ה = elemento fuego, nivel alto moderado.

- **Estructura sensorial:** ג = atributo amor; ל = atributo misericordia; י = atributo bondad; ה = atributo amor.

- **Versículo:** «Harás para ti hebras trenzadas en las cuatro esquinas de la vestimenta con que te cubres» (Deuteronomio 22:12).

גדלים תעשה לך על ארבע כנפות כסותך אשר תכסה בה

DALET (ד)

Debora דבורה

- **Fuente:** Jueces 4:4
- **Valor intrínseco:** 1
- **Valor numérico –*guematria*–:** 217
- **Composición elemental:** ד = elemento agua, nivel alto; ב = elemento tierra, nivel alto; ו = elemento tierra, nivel alto moderado; ר = elemento agua, nivel medio moderado; ה = elemento fuego, nivel alto moderado.
- **Estructura sensorial:** ד = atributo amor; ב = atributo amor; ו = atributo amor; ר = atributo rigor; ה = atributo amor.
- **Versículo:** «Háblales a los Hijos de Israel y diles: cuando lleguéis a la Tierra a la que os traigo» (Números 15:18).

דבר אל בני ישראל ואמרת אלהם בבאכם אל הארץ אשר אני מביא אתכם שמה

Dorona / דורונה

- **Fuente:** *véase* Números 28:26, Targum Ionatan, significa «regalo».
- **Valor intrínseco:** 1
- **Valor numérico –*guematria*–:** 271
- **Composición elemental:** ד = elemento agua, nivel alto; ו = elemento tierra, nivel alto moderado; ר = elemento agua, nivel medio moderado; ו = elemento tierra, nivel alto moderado; נ = elemento tierra, nivel medio; ה = elemento fuego, nivel alto moderado.
- **Estructura sensorial:** ד = atributo amor; ו = atributo amor; ר = atributo rigor; ו = atributo amor; נ = atributo misericordia; ה = atributo amor.

- **Versículo:** «Háblales a los Hijos de Israel y diles: cuando lleguéis a la Tierra a la que os traigo» (Números 15:18).

דבר אל בני ישראל ואמרת אלהם בבאכם אל הארץ אשר אני מביא אתכם שמה

Dina / דינה

- **Fuente:** Génesis 30:21
- **Valor intrínseco:** 6
- **Valor numérico –*guematria*–:** 69
- **Composición elemental:** ד = elemento agua, nivel alto; י = elemento tierra, nivel alto atenuado; נ = elemento tierra, nivel medio; ה = elemento fuego, nivel alto moderado.
- **Estructura sensorial:** ד = atributo amor; י = atributo bondad; נ = atributo misericordia; ה = atributo amor.
- **Versículo:** «Háblales a los Hijos de Israel y diles: cuando lleguéis a la Tierra a la que os traigo» (Números 15:18).

דבר אל בני ישראל ואמרת אלהם בבאכם אל הארץ אשר אני מביא אתכם שמה

Dafna / דפנה

- **Fuente:** significa «laurel» (en la Mishná, tratado de Oalot 9:16, aparece esta palabra en relación con una pared, pero no corresponde con el sentido del nombre).
- **Valor intrínseco:** 4
- **Valor numérico –*guematria*–:** 139
- **Composición elemental:** ד = elemento agua, nivel alto; פ = elemento fuego, nivel medio moderado; נ = elemento tierra, nivel medio; ה = elemento fuego, nivel alto moderado.
- **Estructura sensorial:** ד = atributo amor; פ = atributo rigor; נ = atributo misericordia; ה = atributo amor.
- **Versículo:** «Háblales a los Hijos de Israel y diles: cuando lleguéis a la Tierra a la que os traigo» (Números 15:18).

דבר אל בני ישראל ואמרת אלהם בבאכם אל הארץ אשר אני מביא אתכם שמה

Nombres que comienzan con

HE (ה)

Hagar / הגר

- **Fuente:** Génesis 16:1
- **Valor intrínseco:** 1
- **Valor numérico –*guematria*–:** 208
- **Composición elemental:** ה = elemento fuego, nivel alto moderado; ג = elemento aire, nivel alto; ר = elemento agua, nivel medio moderado.
- **Estructura sensorial:** ה = atributo amor; ג = atributo amor; ר = atributo rigor.
- **Versículo:** «Él se purificará con ella –la ceniza de la vaca roja–, al tercer día, y al séptimo día será puro; pero si no se purificare al tercer día, entonces al séptimo día no quedará puro» (Números 19:12).

הוא יתחטא בו ביום השלישי וביום השביעי יטהר ואם לא יתחטא ביום השלישי וביום השביעי לא יטהר

Hadás / הדס

- **Fuente:** Isaías 55:13, significa «mirto».
- **Valor intrínseco:** 6
- **Valor numérico –*guematria*–:** 69
- **Composición elemental:** ה = elemento fuego, nivel alto moderado; ד = elemento agua, nivel alto; ס = elemento aire, nivel alto atenuado.
- **Estructura sensorial:** ה = atributo amor; ד = atributo amor; ס = atributo misericordia.

- **Versículo:** «He aquí, bienaventurado es el hombre a quien Dios castiga; por tanto, no menosprecies la corrección del Todopoderoso» (Job 5:17).

הנה אשרי אנוש יוכחנו אלוה ומוסר שדי אל תמאס

Hadasa / הדסה

- **Fuente:** Ester 2:7
- **Valor intrínseco:** 2
- **Valor numérico** –*guematria*–: 74
- **Composición elemental:** ה = elemento fuego, nivel alto moderado; ד = elemento agua, nivel alto; ס = elemento aire, nivel alto atenuado; ה = elemento fuego, nivel alto moderado.
- **Estructura sensorial:** ה = atributo amor; ד = atributo amor; ס = atributo misericordia; ה = atributo amor.
- **Versículo:** «No comeréis nada leudado; en todos vuestros lugares de residencia comeréis pan ácimo» (Éxodo 12:20).

החדש הזה לכם ראש חדשים ראשון הוא לכם לחדשי השנה

Hadar / הדר

- **Fuente:** Levítico 23:40, significa «esplendor».
- **Valor intrínseco:** 2
- **Valor numérico** –*guematria*–: 209
- **Composición elemental:** ה = elemento fuego, nivel alto moderado; ד = elemento agua, nivel alto; ר = elemento agua, nivel medio moderado.
- **Estructura sensorial:** ה = atributo amor; ד = atributo amor; ר = atributo rigor.
- **Versículo:** «Él se purificará con ella –la ceniza de la vaca roja–, al tercer día, y al séptimo día será puro; pero si no se purificare al tercer día, entonces al séptimo día no quedará puro» (Números 19:12).

הוא יתחטא בו ביום השלישי וביום השביעי יטהר ואם לא יתחטא ביום השלישי וביום השביעי לא יטהר

VAV (ו)

Vered / ורד

- **Fuente:** Talmud, *véase* tratado de Shabat 111a, significa «rosa».
- **Valor intrínseco:** 3
- **Valor numérico –*guematria*–:** 210
- **Composición elemental:** ו = elemento tierra, nivel alto moderado; ר = elemento agua, nivel medio moderado; ד = elemento agua, nivel alto.
- **Estructura sensorial:** ו = atributo amor; ר = atributo rigor; ד = atributo amor.
- **Versículo**: «Dios llamó a la luz Día, y a la oscuridad la llamó Noche; y fue de tarde, y fue de mañana, un día» (Génesis 1:5).

ויקרא אלהים לאור יום ולחשך קרא לילה ויהי ערב ויהי בקר יום אחד

Nombres que comienzan con

ZAIN (ז)

Zahava / זהבה

- **Fuente:** Talmud, *véase* tratado de Ioma 43b, significa «oro».
- **Valor intrínseco:** 1
- **Valor numérico –*guematria*–:** 19
- **Composición elemental:** ז = elemento aire, nivel alto moderado; ה = elemento fuego, nivel alto moderado; ב = elemento tierra, nivel alto; ה = elemento fuego, nivel alto moderado.
- **Estructura sensorial:** ז = atributo bondad; ה = atributo amor; ב = atributo amor; ה = atributo amor.
- **Versículo:** «Esto darán: todo el que pase por el censo –dará– medio siclo del siclo sagrado; el siclo es veinte gueras, medio siclo como ofrenda para El Eterno» (Éxodo 30:13).

זה יתנו כל העבר על הפקדים מחצית השקל בשקל הקדש עשרים גרה השקל מחצית השקל תרומה ליהוה

Zehorit / זהורית

- **Fuente:** *véase* Ezequiel 8:2, proviene de *zohar*, significa «resplandor».
- **Valor intrínseco:** 7
- **Valor numérico –*guematria*–:** 628
- **Composición elemental:** ז = elemento aire, nivel alto moderado; ה = elemento fuego, nivel alto moderado; ו = elemento tierra, nivel alto moderado; ר = elemento agua, nivel medio moderado; י = elemento tierra, nivel alto atenuado; ת = elemento tierra, nivel medio atenuado.

- **Estructura sensorial:** ז = atributo bondad; ה = atributo amor; ו = atributo amor; ר = atributo rigor; י = atributo bondad; ת = atributo rigor.
- **Versículo:** «Acuérdate del asunto que os ordenó Moisés, siervo de El Eterno, diciendo: El Eterno, vuestro Dios, os ha dado reposo y os ha dado esta Tierra» (Josué 1:13).

זכור את הדבר אשר צוה משה עבד יהוה לאמר יהוה אלהיכם מניח לכם ונתן לכם את הארץ הזאת

Zohara / זהרה

- **Fuente:** *véase* Ezequiel 8:2, proviene de *zohar,* significa «resplandor».
- **Valor intrínseco:** 1
- **Valor numérico –*guematria–:*** *217*
- **Composición elemental:** ז = elemento aire, nivel alto moderado; ה = elemento fuego, nivel alto moderado; ר = elemento agua, nivel medio moderado; ה = elemento fuego, nivel alto moderado.
- **Estructura sensorial:** ז = atributo bondad; ה = atributo amor; ר = atributo rigor; ה = atributo amor.
- **Versículo:** «Esto darán: todo el que pase por el censo –dará– medio siclo del siclo sagrado; el siclo es veinte gueras, medio siclo como ofrenda para El Eterno» (Éxodo 30:13).

זה יתנו כל העבר על הפקדים מחצית השקל בשקל הקדש עשרים גרה השקל מחצית השקל תרומה ליהוה

Ziva / זיוה

- **Fuente:** Daniel 5:6, significa «brillo».
- **Valor intrínseco:** 1
- **Valor numérico –*guematria–:*** 28
- **Composición elemental:** ז = elemento aire, nivel alto moderado; י = elemento tierra, nivel alto atenuado; ו = elemento tierra, nivel alto moderado; ה = elemento fuego, nivel alto moderado.

- **Estructura sensorial:** ז = atributo bondad; י = atributo bondad; ו = atributo amor; ה = atributo amor.

- **Versículo:** «Esto darán: todo el que pase por el censo –dará– medio siclo del siclo sagrado; el siclo es veinte gueras, medio siclo como ofrenda para El Eterno» (Éxodo 30:13).

זה יתנו כל העבר על הפקדים מחצית השקל בשקל הקדש עשרים גרה השקל מחצית השקל תרומה ליהוה

Zilpa / זלפה

- **Fuente:** Génesis 29:24
- **Valor intrínseco:** 5
- **Valor numérico –*guematria*–:** 122
- **Composición elemental:** ז = elemento aire, nivel alto moderado; ל = elemento agua, nivel alto atenuado; פ = elemento fuego, nivel medio moderado; ה = elemento fuego, nivel alto moderado.

- **Estructura sensorial:** ז = atributo bondad; ל = atributo misericordia; פ = atributo rigor; ה = atributo amor.

- **Versículo:** «Esto darán: todo el que pase por el censo –dará– medio siclo del siclo sagrado; el siclo es veinte gueras, medio siclo como ofrenda para El Eterno» (Éxodo 30:13).

זה יתנו כל העבר על הפקדים מחצית השקל בשקל הקדש עשרים גרה השקל מחצית השקל תרומה ליהוה

Nombres que comienzan con

JET (ח)

Jabiba / חביבה

- **Fuente:** Talmud, *véase* tratado de Berajot 10a, significa «apreciada».
- **Valor intrínseco:** 9
- **Valor numérico** *–guematria–:* 27
- **Composición elemental:** ח = elemento agua, nivel alto moderado; ב = elemento tierra, nivel alto; י = elemento tierra, nivel alto atenuado; ב = elemento tierra, nivel alto; ה = elemento fuego, nivel alto moderado.
- **Estructura sensorial:** ח = atributo bondad; ב = atributo amor; י = atributo bondad; ב = atributo amor; ה = atributo amor.
- **Versículo:** «Cincuenta lazos harás en una cortina, y cincuenta lazos harás al final de la cortina que está en el segundo grupo; los lazos se corresponderán los unos con los otros» (Éxodo 26:5).

חמשים ללאת תעשה ביריעה האחת וחמשים ללאת תעשה בקצה היריעה אשר במחברת השנית מקבילת הללאת אשה אל אחתה

Jaguit / חגית

- **Fuente:** I Reyes 1:5
- **Valor intrínseco:** 7
- **Valor numérico** *–guematria–:* 421
- **Composición elemental:** ח = elemento agua, nivel alto moderado; ג = elemento aire, nivel alto; י = elemento tierra, nivel alto atenuado; ת = elemento tierra, nivel medio atenuado.

- **Estructura sensorial:** ח = atributo bondad; ג = atributo amor; י = atributo bondad; ת = atributo rigor.
- **Versículo:** «Porción por porción comerán, excepto lo que es suyo por herencia ancestral» (Deuteronomio 18:8).

חלק כחלק יאכלו לבד ממכריו על האבות

Jabatzelet / חבצלת

- **Fuente:** Cantar de los Cantares 2:1, significa «rosa aromática».
- **Valor intrínseco:** 8
- **Valor numérico –*guematria*–:** 530
- **Composición elemental:** ח = elemento agua, nivel alto moderado; ב = elemento tierra, nivel alto; צ = elemento tierra, nivel medio moderado; ל = elemento agua, nivel alto atenuado; ת = elemento tierra, nivel medio atenuado.
- **Estructura sensorial:** ח = atributo bondad; ב = atributo amor; צ = atributo rigor; ל = atributo misericordia; ת = atributo rigor.
- **Versículo:** «Porción por porción comerán, excepto lo que es suyo por herencia ancestral» (Deuteronomio 18:8).

חלק כחלק יאכלו לבד ממכריו על האבות

Jedva / חדוה

- **Fuente:** I Crónicas 16:27, significa «alegría».
- **Valor intrínseco:** 5
- **Valor numérico –*guematria*–:** 23
- **Composición elemental:** ח = elemento agua, nivel alto moderado; ד = elemento agua, nivel alto; ו = elemento tierra, nivel alto moderado; ה = elemento fuego, nivel alto moderado.
- **Estructura sensorial:** ח = atributo bondad; ד = atributo amor; ו = atributo amor; ה = atributo amor.
- **Versículo:** «Cincuenta lazos harás en una cortina, y cincuenta lazos harás al final de la cortina que está en el segundo gru-

po; los lazos se corresponderán los unos con los otros» (Éxodo 26:5).

חמשים ללאת תעשה ביריעה האחת וחמשים ללאת תעשה בקצה היריעה אשר במחברת השנית מקבילת
הללאת אשה אל אחתה

Java / חוה

- **Fuente:** Génesis 3:20
- **Valor intrínseco:** 1
- **Valor numérico –*guematria*–:** 19
- **Composición elemental:** ח = elemento agua, nivel alto moderado; ו = elemento tierra, nivel alto moderado; ה = elemento fuego,
  nivel alto moderado.
- **Estructura sensorial:** ח = atributo bondad; ו = atributo amor;
  ה = atributo amor.
- **Versículo:** «Cincuenta lazos harás en una cortina, y cincuenta
  lazos harás al final de la cortina que está en el segundo grupo;
  los lazos se corresponderán los unos con los otros» (Éxodo 26:5).
  חמשים ללאת תעשה ביריעה האחת וחמשים ללאת תעשה בקצה היריעה אשר במחברת השנית מקבילת
  הללאת אשה אל אחתה

Jibá / חיבה

- **Fuente:** Rashi a Génesis 22:11, significa «cariño».
- **Valor intrínseco:** 7
- **Valor numérico –*guematria*–:** 25
- **Composición elemental:** ח = elemento agua, nivel alto modera-
  do; י = elemento tierra, nivel alto atenuado; ב = elemento tierra,
  nivel alto; ה = elemento fuego, nivel alto moderado.
- **Estructura sensorial:** ח = atributo bondad; י = atributo bondad;
  ב = atributo amor; ה = atributo amor.
- **Versículo:** «Cincuenta lazos harás en una cortina, y cincuenta
  lazos harás al final de la cortina que está en el segundo grupo;

los lazos se corresponderán los unos con los otros» (Éxodo 26:5).

חמשים ללאת תעשה ביריעה האחת וחמשים ללאת תעשה בקצה היריעה אשר במחברת השנית מקבילת
הללאת אשה אל אחתה

Jaia / חיה

- **Fuente:** Génesis 2:7, significa «vida».
- **Valor intrínseco:** 5
- **Valor numérico –*guematria*–:** 23
- **Composición elemental:** ח = elemento agua, nivel alto moderado; י = elemento tierra, nivel alto atenuado; ה = elemento fuego, nivel alto moderado.
- **Estructura sensorial:** ח = atributo bondad; י = atributo bondad; ה = atributo amor.
- **Versículo:** «Cincuenta lazos harás en una cortina, y cincuenta lazos harás al final de la cortina que está en el segundo grupo; los lazos se corresponderán los unos con los otros» (Éxodo 26:5).

חמשים ללאת תעשה ביריעה האחת וחמשים ללאת תעשה בקצה היריעה אשר במחברת השנית מקבילת
הללאת אשה אל אחתה

Jamutal / חמוטל

- **Fuente:** II Reyes 23:31
- **Valor intrínseco:** 3
- **Valor numérico –*guematria*–:** 93
- **Composición elemental:** ח = elemento agua, nivel alto moderado; מ = elemento fuego, nivel medio; ו = elemento tierra, nivel alto moderado; ט = elemento fuego, nivel alto atenuado; ל = elemento agua, nivel alto atenuado.
- **Estructura sensorial:** ח = atributo bondad; מ = atributo misericordia; ו = atributo amor; ט = atributo bondad; ל = atributo misericordia.

- **Versículo:** «Habían cesado las ciudades abiertas en Israel, habían cesado –de estar habitadas por temor al enemigo–, hasta que yo, Débora, me levanté; pues me levanté como madre en Israel« (Jueces 5:7).

חדלו פרזון בישראל חדלו עד שקמתי דבורה שקמתי אם בישראל

Jana / חנה

- **Fuente:** I Samuel 1:2
- **Valor intrínseco:** 9
- **Valor numérico –*guematria*–:** 63
- **Composición elemental:** ח = elemento agua, nivel alto moderado; נ = elemento tierra, nivel medio; ה = elemento fuego, nivel alto moderado.
- **Estructura sensorial:** ח = atributo bondad; נ = atributo misericordia; ה = atributo amor.
- **Versículo:** «Cincuenta lazos harás en una cortina, y cincuenta lazos harás al final de la cortina que está en el segundo grupo; los lazos se corresponderán los unos con los otros» (Éxodo 26:5).

חמשים ללאת תעשה ביריעה האחת וחמשים ללאת תעשה בקצה היריעה אשר במחברת השנית מקבילת הללאת אשה אל אחתה

Nombres que comienzan con

TET (ט)

Toba / טובה

- **Fuente:** Génesis 15:15, significa «buena».
- **Valor intrínseco:** 4
- **Valor numérico –*guematria*–:** 22
- **Composición elemental:** ט = elemento fuego, nivel alto atenuado; ו = elemento tierra, nivel alto moderado; ב = elemento tierra, nivel alto; ה = elemento fuego, nivel alto moderado.
- **Estructura sensorial:** ט = atributo bondad; ו = atributo amor; ב = atributo amor; ה = atributo amor.
- **Versículo:** «Mejor es la sabiduría que las armas de guerra; y un pecador destruye mucho bien» (Eclesiastés 9:18).

טובה חכמה מכלי קרב וחוטא אחד יאבד טובה הרבה

Tal / טל

- **Fuente:** Génesis 27:28, significa «rocío».
- **Valor intrínseco:** 3
- **Valor numérico –*guematria*–:** 39
- **Composición elemental:** ט = elemento fuego, nivel alto atenuado; ל = elemento agua, nivel alto atenuado.
- **Estructura sensorial:** ט = atributo bondad; ל = atributo misericordia.
- **Versículo:** «El de ojo misericordioso será bendecido, porque dio de su pan al indigente» (Proverbios 22:9).

טוב עין הוא יברך כי נתן מלחמו לדל

IUD (י)

Iehudit / יהודית

- **Fuente:** Génesis 26:34
- **Valor intrínseco:** 3
- **Valor numérico –*guematria*–:** 435
- **Composición elemental:** י = elemento tierra, nivel alto atenuado; ה = elemento fuego, nivel alto moderado; ו = elemento tierra, nivel alto moderado; ד = elemento agua, nivel alto; י = elemento tierra, nivel alto atenuado; ת = elemento tierra, nivel medio atenuado.
- **Estructura sensorial:** י = atributo bondad; ה = atributo amor; ו = atributo amor; ד = atributo amor; י = atributo bondad; ת = atributo rigor.
- **Versículo:** «Día de cuerno y sonido de alarma sobre las ciudades fortificadas, y sobre las altas torres» (Sofonías 1:16).

יום שופר ותרועה על הערים הבצרות ועל הפנות הגבהות

Iahalom / יהלום

- **Fuente:** *véase* Éxodo 28:18, significa «diamante».
- **Valor intrínseco:** 1
- **Valor numérico –*guematria*–:** 91
- **Composición elemental:** י = elemento tierra, nivel alto atenuado; ה = elemento fuego, nivel alto moderado; ל = elemento agua, nivel alto atenuado; ו = elemento tierra, nivel alto moderado; ם = elemento agua, nivel bajo.

- **Estructura sensorial:** י = atributo bondad; ה = atributo amor; ל = atributo misericordia; ו = atributo amor; ם = atributo misericordia.
- **Versículo:** «El Eterno, lento para enojarse, generoso en benevolencia, Perdona la iniquidad y el pecado intencionado, y quien no absuelve a los que no se arrepienten, rememora la iniquidad de los padres sobre los hijos hasta la tercera y cuarta generación» (Números 14:18).

יהוה ארך אפים ורב חסד נשא עון ופשע ונקה לא ינקה פקד עון אבות על בנים על שלשים ועל רבעים

lojeved / יוכבד

- **Fuente:** Éxodo 6:20
- **Valor intrínseco:** 6
- **Valor numérico –*guematria*–:** 42
- **Composición elemental:** י = elemento tierra, nivel alto atenuado; ו = elemento tierra, nivel alto moderado; כ = elemento aire, nivel medio; ב = elemento tierra, nivel alto; ד = elemento agua, nivel alto.
- **Estructura sensorial:** י = atributo bondad; ו = atributo amor; כ = atributo misericordia; ב = atributo amor; ד = atributo amor.
- **Versículo:** «El Eterno reinará por toda la eternidad» (Éxodo 15:18).

יהוה ימלך לעלם ועד

lemima / ימימה

- **Fuente:** Job 42:14
- **Valor intrínseco:** 6
- **Valor numérico –*guematria*–:** 105
- **Composición elemental:** י = elemento tierra, nivel alto atenuado; מ = elemento fuego, nivel medio; י = elemento tierra, nivel alto atenuado; מ = elemento fuego, nivel medio; ה = elemento fuego, nivel alto moderado.
- **Estructura sensorial:** י = atributo bondad; מ = atributo misericordia; י = atributo bondad; מ = atributo misericordia; ה = atributo amor.

- **Versículo:** «El Eterno abrirá para ti Su tesoro de bondad, los Cielos, para procurar lluvias para tu Tierra en su tiempo, y para bendecir toda la obra de tus manos; les prestarás a muchas naciones, pero no pedirás prestado» (Deuteronomio 28:12).

יפתח יהוה לך את אוצרו הטוב את השמים לתת מטר ארצך בעתו ולברך את כל מעשה ידך והלוית גוים רבים ואתה לא תלוה

Iael / יעל

- **Fuente:** Jueces 5:6
- **Valor intrínseco:** 2
- **Valor numérico –*guematria*–:** 110
- **Composición elemental:** י = elemento tierra, nivel alto atenuado; ע = elemento agua, nivel medio; ל = elemento agua, nivel alto atenuado.
- **Estructura sensorial:** י = atributo bondad; ע = atributo misericordia; ל = atributo misericordia.
- **Versículo:** «Josué hijo de Nun, que está ante ti, él irá allá; fortalécelo, pues él hará que Israel la herede» (Deuteronomio 1:38).

יהושע בן נון העמד לפניך הוא יבא שמה אתו חזק כי הוא ינחלנה את ישראל

Iafa / יפה

- **Fuente:** Génesis 12:14, significa «bella».
- **Valor intrínseco:** 5
- **Valor numérico –*guematria*–:** 95
- **Composición elemental:** י = elemento tierra, nivel alto atenuado; פ = elemento fuego, nivel medio moderado; ה = elemento fuego, nivel alto moderado.
- **Estructura sensorial:** י = atributo bondad; פ = atributo rigor; ה = atributo amor.
- **Versículo:** «El Eterno abrirá para ti Su tesoro de bondad, los Cielos, para procurar lluvias para tu Tierra en su tiempo, y para

bendecir toda la obra de tus manos; les prestarás a muchas naciones, pero no pedirás prestado» (Deuteronomio 28:12).

יפתח יהוה לך את אוצרו הטוב את השמים לתת מטר ארצך בעתו ולברך את כל מעשה ידך
והלוית גוים רבים ואתה לא תלוה

Nombres que comienzan con

KAF (כ)

Kojab / כוכב

- **Fuente:** Génesis 1:16, significa «estrella».
- **Valor intrínseco:** 3
- **Valor numérico –*guematria*–:** 48
- **Composición elemental:** כ = elemento aire, nivel medio; ו = elemento tierra, nivel alto moderado; כ = elemento aire, nivel medio; ב = elemento tierra, nivel alto.
- **Estructura sensorial:** כ = atributo misericordia; ו = atributo amor; כ = atributo misericordia; ב = atributo amor.
- **Versículo:** «Pues desde sus orígenes, lo veo igual que una roca, y desde las colinas lo veo; he aquí que es un pueblo que habitará solitario y no será contado entre las demás naciones» (Números 23:9).

כי מראש צרים אראנו ומגבעות אשורנו הן עם לבדד ישכן ובגוים לא יתחשב

Kojaba / כוכבה

- **Fuente:** proviene de Kojav, significa «estrella».
- **Valor intrínseco:** 8
- **Valor numérico –*guematria*–:** 53
- **Composición elemental:** כ = elemento aire, nivel medio; ו = elemento tierra, nivel alto moderado; כ = elemento aire, nivel medio; ב = elemento tierra, nivel alto; ה = elemento fuego, nivel alto moderado.
- **Estructura sensorial:** כ = atributo misericordia; ו = atributo amor; כ = atributo misericordia; ב = atributo amor; ה = atributo amor.

- **Versículo:** «Pues expulsaré a las naciones de tu presencia y ensancharé tu frontera; ningún hombre deseará tu tierra cuando subas ante El Eterno, tu Dios, tres veces al año» (Éxodo 34:24).

כי אוריש גוים מפניך הרחבתי את גבלך ולא יחמד איש את ארצך בעלתך לראות את פני יהוה אלהיך שלש פעמים בשנה

Kojabit / כוכבית

- **Fuente:** proviene de Kojav, significa «estrella pequeña».
- **Valor intrínseco:** 8
- **Valor numérico –*guematria*–:** 458
- **Composición elemental:** כ = elemento aire, nivel medio; ו = elemento tierra, nivel alto moderado; כ = elemento aire, nivel medio; ב = elemento tierra, nivel alto; י = elemento tierra, nivel alto atenuado; ת = elemento tierra, nivel medio atenuado.
- **Estructura sensorial:** כ = atributo misericordia; ו = atributo amor; כ = atributo misericordia; ב = atributo amor; י = atributo bondad; ת = atributo rigor.
- **Versículo:** «No comeréis nada leudado; en todos vuestros lugares de residencia comeréis pan ácimo» (Éxodo 12:20).

כל מחמצת לא תאכלו בכל מושבתיכם תאכלו מצות

Kalanit / כלנית

- **Fuente:** Talmud, *véase* tratado de Pesajim 35 a, significa «anémona».
- **Valor intrínseco:** 6
- **Valor numérico –*guematria*–:** 510
- **Composición elemental:** כ = elemento aire, nivel medio; ל = elemento agua, nivel alto atenuado; נ = elemento tierra, nivel medio; י = elemento tierra, nivel alto atenuado; ת = elemento tierra, nivel medio atenuado.
- **Estructura sensorial:** כ = atributo misericordia; ל = atributo misericordia; נ = atributo misericordia; י = atributo bondad; ת = atributo rigor.

- **Versículo:** «No comeréis nada leudado; en todos vuestros lugares de residencia comeréis pan ácimo» (Éxodo 12:20).

כל מחמצת לא תאכלו בכל מושבתיכם תאכלו מצות

Kerem / כרם

- **Fuente:** Génesis 9:20, significa «viña».
- **Valor intrínseco:** 8
- **Valor numérico –*guematria*–:** 260
- **Composición elemental:** כ = elemento aire, nivel medio; ר = elemento agua, nivel medio moderado; ם = elemento agua, nivel bajo.
- **Estructura sensorial:** כ = atributo misericordia; ר = atributo rigor; ם = atributo misericordia.
- **Versículo:** «Pues los Hijos de Israel son sirvientes para Mí, ellos son Mis sirvientes, a los que saqué de la tierra de Egipto; Yo soy El Eterno, vuestro Dios» (Levítico 25:55).

כי לי בני ישראל עבדים עבדי הם אשר הוצאתי אותם מארץ מצרים אני יהוה אלהיכם

Karmit / כרמית

- **Fuente:** deriva de Kerem
- **Valor intrínseco:** 4
- **Valor numérico –*guematria*–:** 670
- **Composición elemental:** כ = elemento aire, nivel medio; ר = elemento agua, nivel medio moderado; מ = elemento fuego, nivel medio; י = elemento tierra, nivel alto atenuado; ת = elemento tierra, nivel medio atenuado.
- **Estructura sensorial:** כ = atributo misericordia; ר = atributo rigor; מ = atributo misericordia; י = atributo bondad; ת = atributo rigor.
- **Versículo:** «No comeréis nada leudado; en todos vuestros lugares de residencia comeréis pan ácimo» (Éxodo 12:20).

כל מחמצת לא תאכלו בכל מושבתיכם תאכלו מצות

LAMED (ל)

Lea / לאה

- **Fuente:** Génesis 29:16
- **Valor intrínseco:** 9
- **Valor numérico –*guematria*–:** 36
- **Composición elemental:** ל = elemento agua, nivel alto atenuado; א = elemento fuego, nivel alto; ה = elemento fuego, nivel alto moderado.
- **Estructura sensorial:** ל = atributo misericordia; א = atributo amor; ה = atributo amor.
- **Versículo:** «El Eterno, espero tu salvación» (Génesis 49:18).

לישועתך קויתי יהוה

Libi / לבי

- **Fuente:** *véase* Génesis 24:45, significa «mi corazón».
- **Valor intrínseco:** 6
- **Valor numérico –*guematria*–:** 42
- **Composición elemental:** ל = elemento agua, nivel alto atenuado; ב = elemento tierra, nivel alto; י = elemento tierra, nivel alto atenuado.
- **Estructura sensorial:** ל = atributo misericordia; ב = atributo amor; י = atributo bondad.
- **Versículo:** «No comí de ellas en mi duelo, no las eliminé en estado de impureza, y no di de ellas para las necesidades de los muertos; obedecí la voz de El Eterno, mi Dios, actué de acuerdo con todo lo que Tú me ordenaste» (Deuteronomio 26:14).

לא אכלתי באני ממנו ולא בערתי ממנו בטמא ולא נתתי ממנו למת שמעתי בקול יהוה אלהי
עשיתי ככל אשר צויתני

Levana / לבנה

- **Fuente:** Levítico 13:4, significa «blanca».
- **Valor intrínseco:** 6
- **Valor numérico –guematria–:** 87
- **Composición elemental:** ל = elemento agua, nivel alto atenuado; ב = elemento tierra, nivel alto; נ = elemento tierra, nivel medio; ה = elemento fuego, nivel alto moderado.
- **Estructura sensorial:** ל = atributo misericordia; ב = atributo amor; נ = atributo misericordia; ה = atributo amor.
- **Versículo:** «El Eterno, espero tu salvación» (Génesis 49:18).

לישועתך קויתי יהוה

Liora / ליאורה

- **Fuente:** véase Génesis 1:3, está formado por las palabras: li y ora; significa «mi luz».
- **Valor intrínseco:** 9
- **Valor numérico –guematria–:** 252
- **Composición elemental:** ל = elemento agua, nivel alto atenuado; י = elemento tierra, nivel alto atenuado; א = elemento fuego, nivel alto; ו = elemento tierra, nivel alto moderado; ר = elemento agua, nivel medio moderado; ה = elemento fuego, nivel alto moderado.
- **Estructura sensorial:** ל = atributo misericordia; י = atributo bondad; א = atributo amor; ו = atributo amor; ר = atributo rigor; ה = atributo amor.
- **Versículo:** «El Eterno, espero tu salvación» (Génesis 49:18).

לישועתך קויתי יהוה

Liel / ליאל

- **Fuente:** está formado por las palabras: *li* y El; significa «mi Dios».
- **Valor intrínseco:** 8
- **Valor numérico** *–guematria–:* 71
- **Composición elemental:** ל = elemento agua, nivel alto atenua-do; י = elemento tierra, nivel alto atenuado; א = elemento fuego, nivel alto; ל = elemento agua, nivel alto atenuado.
- **Estructura sensorial:** ל = atributo misericordia; י = atributo bon-dad; א = atributo amor; ל = atributo misericordia.
- **Versículo:** «Llamó a ese lugar el Valle de Eshkol, por el racimo que los Hijos de Israel cortaron de allí» (Números 13:24).

למקום ההוא קרא נחל אשכול על אדות האשכול אשר כרתו משם בני ישראל

Nombres que comienzan con

MEM (מ)

Muriel / מוריאל

- **Fuente:** está formado por las palabras: *mori* y El; *morí* significa «mi señor», y «mi maestro», *véase* Talmud, tratado de Berajot 2a; Él, alude a Dios.
- **Valor intrínseco:** 8
- **Valor numérico –*guematria*–:** 287
- **Composición elemental:** מ = elemento fuego, nivel medio; ו = elemento tierra, nivel alto moderado; ר = elemento agua, nivel medio moderado; י = elemento tierra, nivel alto atenuado; א = elemento fuego, nivel alto; ל = elemento agua, nivel alto atenuado.
- **Estructura sensorial:** מ = atributo misericordia; ו = atributo amor; ר = atributo rigor; י = atributo bondad; א = atributo amor; ל = atributo misericordia.
- **Versículo:** «Cuán buenas son tus tiendas, Jacob; tus lugares de residencia, Israel» (Números 24:5).

מה טבו אהליך יעקב משכנתיך ישראל

Moriá / מוריה

- **Fuente:** II Crónicas 3:1, es el nombre del monte en el que Dios entregó las Tablas de la Ley.
- **Valor intrínseco:** 9
- **Valor numérico –*guematria*–:** 261
- **Composición elemental:** מ = elemento fuego, nivel medio; ו = elemento tierra, nivel alto moderado; ר = elemento agua, ni-

vel medio moderado; י = elemento tierra, nivel alto atenuado; ה = elemento fuego, nivel alto moderado.

- **Estructura sensorial:** מ = atributo misericordia; ו = atributo amor; ר = atributo rigor; י = atributo bondad; ה = atributo amor.
- **Versículo:** «En la presencia de un sabio te levantarás, y honrarás la presencia de un anciano, y temerás a vuestro Dios; Yo soy El Eterno» (Levítico 19:32).

מפני שיבה תקום והדרת פני זקן ויראת מאלהיך אני יהוה

Mazal / מזל

- **Fuente:** *véase* II Reyes 23:5, significa «zodíaco».
- **Valor intrínseco:** 5
- **Valor numérico –*guematria*–:** 77
- **Composición elemental:** מ = elemento fuego, nivel medio; ז = elemento aire, nivel alto moderado; ל = elemento agua, nivel alto atenuado.
- **Estructura sensorial:** מ = atributo misericordia; ז = atributo bondad; ל = atributo misericordia.
- **Versículo:** «Cuán buenas son tus tiendas, Jacob; tus lugares de residencia, Israel» (Números 24:5).

מה טבו אהליך יעקב משכנתיך ישראל

Mijal / מיכל

- **Fuente:** I Samuel 18:20
- **Valor intrínseco:** 1
- **Valor numérico –*guematria*–:** 100
- **Composición elemental:** מ = elemento fuego, nivel medio; י = elemento tierra, nivel alto atenuado; כ = elemento aire, nivel medio; ל = elemento agua, nivel alto atenuado.
- **Estructura sensorial:** מ = atributo misericordia; י = atributo bondad; כ = atributo misericordia; ל = atributo misericordia.

- **Versículo:** «Cuán buenas son tus tiendas, Jacob; tus lugares de residencia, Israel» (Números 24:5).

מה טבו אהליך יעקב משכנתיך ישראל

Milka / מלכה

- **Fuente:** Números 26:33
- **Valor intrínseco:** 5
- **Valor numérico –*guematria*–:** 95
- **Composición elemental:** מ = elemento fuego, nivel medio; ל = elemento agua, nivel alto atenuado; כ = elemento aire, nivel medio; ה = elemento fuego, nivel alto moderado.
- **Estructura sensorial:** מ = atributo misericordia; ל = atributo misericordia; כ = atributo misericordia; ה = atributo amor.
- **Versículo:** «En la presencia de un sabio te levantarás, y honrarás la presencia de un anciano, y temerás a vuestro Dios; Yo soy El Eterno» (Levítico 19:32).

מפני שיבה תקום והדרת פני זקן ויראת מאלהיך אני יהוה

Malka / מלכה

- **Fuente:** Ester 1:9, significa «reina».
- **Valor intrínseco:** 5
- **Valor numérico –*guematria*–:** 95
- **Composición elemental:** מ = elemento fuego, nivel medio; ל = elemento agua, nivel alto atenuado; כ = elemento aire, nivel medio; ה = elemento fuego, nivel alto moderado.
- **Estructura sensorial:** מ = atributo misericordia; ל = atributo misericordia; כ = atributo misericordia; ה = atributo amor.
- **Versículo:** «En la presencia de un sabio te levantarás, y honrarás la presencia de un anciano, y temerás a vuestro Dios; Yo soy El Eterno» (Levítico 19:32).

מפני שיבה תקום והדרת פני זקן ויראת מאלהיך אני יהוה

Merav / מירב

- **Fuente:** *véase* I Samuel 14:49
- **Valor intrínseco:** 9
- **Valor numérico –*guematria*–:** 252
- **Composición elemental:** מ = elemento fuego, nivel medio; י = elemento tierra, nivel alto atenuado; ר = elemento agua, nivel medio moderado; ב = elemento tierra, nivel alto.
- **Estructura sensorial:** מ = atributo misericordia; י = atributo bondad; ר = atributo rigor; ב = atributo amor.
- **Versículo:** «¿Quién es el hombre que desea vida, que desea muchos días para ver el bien?» (Salmos 34:13).

מי האיש החפץ חיים אהב ימים לראות טוב

Menuja / מנוחה

- **Fuente:** Jueces 20:43, significa «sosiego».
- **Valor intrínseco:** 1
- **Valor numérico –*guematria*–:** 109
- **Composición elemental:** מ = elemento fuego, nivel medio; נ = elemento tierra, nivel medio; ו = elemento tierra, nivel alto moderado; ח = elemento agua, nivel alto moderado; ה = elemento fuego, nivel alto moderado.
- **Estructura sensorial:** מ = atributo misericordia; נ = atributo misericordia; ו = atributo amor; ח = atributo bondad; ה = atributo amor.
- **Versículo:** «En la presencia de un sabio te levantarás, y honrarás la presencia de un anciano, y temerás a vuestro Dios; Yo soy El Eterno» (Levítico 19:32).

מפני שיבה תקום והדרת פני זקן ויראת מאלהיך אני יהוה

Maián / מעין

- **Fuente:** Levítico 11:36, significa «manantial».
- **Valor intrínseco:** 8

- **Valor numérico –*guematria*–:** 170
- **Composición elemental:** מ = elemento fuego, nivel medio; ע = elemento agua, nivel medio; י = elemento tierra, nivel alto atenuado; ן = elemento fuego, nivel bajo.
- **Estructura sensorial:** מ = atributo misericordia; ע = atributo misericordia; י = atributo bondad; ן = atributo misericordia.
- **Versículo:** «De veinte años en adelante, todo el que sale a la legión de Israel, los contaréis de acuerdo con sus legiones, tú y Aarón» (Números 1:3).

מבן עשרים שנה ומעלה כל יצא צבא בישראל תפקדו אתם לצבאתם אתה ואהרן

Nombres que comienzan con

NUN (נ)

Noá / נעה

- **Fuente:** Números 27:1
- **Valor intrínseco:** 8
- **Valor numérico –guematria–:** 125
- **Composición elemental:** נ = elemento tierra, nivel medio; ע = elemento agua, nivel medio; ה = elemento fuego, nivel alto moderado.
- **Estructura sensorial:** נ = atributo misericordia; ע = atributo misericordia; ה = atributo amor.
- **Versículo:** «Hagamos por favor un pequeño aposento de paredes, y pongamos allí cama, mesa, silla y candelero, para que cuando él venga a nosotros, se quede allí» (II Reyes 4:10).

  נעשה נא עלית קיר קטנה ונשים לו שם מטה ושלחן וכסא ומנורה והיה בבאו אלינו יסור שמה

Nejama / נחמה

- **Fuente:** véase Isaías 54:11, significa «consuelo».
- **Valor intrínseco:** 4
- **Valor numérico –guematria–:** 103
- **Composición elemental:** נ = elemento tierra, nivel medio; ח = elemento agua, nivel alto moderado; מ = elemento fuego, nivel medio; ה = elemento fuego, nivel alto moderado.
- **Estructura sensorial:** נ = atributo misericordia; ח = atributo bondad; מ = atributo misericordia; ה = atributo amor.

- **Versículo:** «Hagamos por favor un pequeño aposento de paredes, y pongamos allí cama, mesa, silla y candelero, para que cuando él venga a nosotros, se quede allí» (II Reyes 4:10).

נעשה נא עלית קיר קטנה ונשים לו שם מטה ושלחן וכסא ומנורה והיה בבאו אלינו יסור שמה

Nitzana / ניצנה

- **Fuente:** *véase* Cantar de los Cantares 2:12, deriva de Nitzán que significa «brote».
- **Valor intrínseco:** 7
- **Valor numérico –*guematria*–:** 205
- **Composición elemental:** נ = elemento tierra, nivel medio; י = elemento tierra, nivel alto atenuado; צ = elemento tierra, nivel medio moderado; נ = elemento tierra, nivel medio; ה = elemento fuego, nivel alto moderado.
- **Estructura sensorial:** נ = atributo misericordia; י = atributo bondad; צ = atributo rigor; נ = atributo misericordia; ה = atributo amor.
- **Versículo:** «Hagamos por favor un pequeño aposento de paredes, y pongamos allí cama, mesa, silla y candelero, para que cuando él venga a nosotros, se quede allí» (II Reyes 4:10).

נעשה נא עלית קיר קטנה ונשים לו שם מטה ושלחן וכסא ומנורה והיה בבאו אלינו יסור שמה

Naamá / נעמה

- **Fuente:** Génesis 4:22
- **Valor intrínseco:** 3
- **Valor numérico –*guematria*–:** 165
- **Composición elemental:** נ = elemento tierra, nivel medio; ע = elemento agua, nivel medio; מ = elemento fuego, nivel medio; ה = elemento fuego, nivel alto moderado.
- **Estructura sensorial:** נ = atributo misericordia; ע = atributo misericordia; מ = atributo misericordia; ה = atributo amor.

- **Versículo:** «Hagamos por favor un pequeño aposento de paredes, y pongamos allí cama, mesa, silla y candelero, para que cuando él venga a nosotros, se quede allí» (II Reyes 4:10).

נעשה נא עלית קיר קטנה ונשים לו שם מטה ושלחן וכסא ומנורה והיה בבאו אלינו יסור שמה

Naomí / נעמי

- **Fuente:** Rut 1:2
- **Valor intrínseco:** 8
- **Valor numérico –*guematria*–:** 170
- **Composición elemental:** נ = elemento tierra, nivel medio; ע = elemento agua, nivel medio; מ = elemento fuego, nivel medio; י = elemento tierra, nivel alto atenuado.
- **Estructura sensorial:** נ = atributo misericordia; ע = atributo misericordia; מ = atributo misericordia; י = atributo bondad.
- **Versículo:** «Mi corazón está dispuesto, Dios, cantaré y entonaré cánticos; también mi gloria –mi alma–» (Salmos 108:2).

נכון לבי אלהים אשירה ואזמרה אף כבודי

Nombres que comienzan con

SAMEJ (ס)

Smadar / סמדר

- **Fuente:** Cantar de los Cantares 2:13, significa «cierne».
- **Valor intrínseco:** 7
- **Valor numérico –guematria–:** 304
- **Composición elemental:** ס = elemento aire, nivel alto atenuado; מ = elemento fuego, nivel medio; ד = elemento agua, nivel alto; ר = elemento agua, nivel medio moderado.
- **Estructura sensorial:** ס = atributo misericordia; מ = atributo misericordia; ד = atributo amor; ר = atributo rigor.
- **Versículo:** «Afirmados para siempre, por la eternidad; hechos con verdad y rectitud» (Salmos 111:8).

סמוכים לעד לעולם עשוים באמת וישר

Sapir / ספיר

- **Fuente:** Éxodo 28:18, significa «zafiro».
- **Valor intrínseco:** 8
- **Valor numérico –guematria–:** 350
- **Composición elemental:** ס = elemento aire, nivel alto atenuado; פ = elemento fuego, nivel medio moderado; י = elemento tierra, nivel alto atenuado; ר = elemento agua, nivel medio moderado.
- **Estructura sensorial:** ס = atributo misericordia; פ = atributo rigor; י = atributo bondad; ר = atributo rigor.
- **Versículo:** «Afirmados para siempre, por la eternidad; hechos con verdad y rectitud» (Salmos 111:8).

סמוכים לעד לעולם עשוים באמת וישר

Nombres que comienzan con

AIN (ע)

Adina / עדינה

- **Fuente:** Isaías 47:8, significa «primorosa».
- **Valor intrínseco:** 4
- **Valor numérico** –*guematria–:* 139
- **Composición elemental:** ע = elemento agua, nivel medio; ד = elemento agua, nivel alto; י = elemento tierra, nivel alto atenuado; נ = elemento tierra, nivel medio; ה = elemento fuego, nivel alto moderado.
- **Estructura sensorial:** ע = atributo misericordia; ד = atributo amor; י = atributo bondad; נ = atributo misericordia; ה = atributo amor.
- **Versículo:** «Ciertamente diezmarás toda la cosecha de tu cultivo, el fruto del campo, año tras año» (Deuteronomio 14:22).

עשר תעשר את כל תבואת זרעך היצא השדה שנה שנה

Atara / עטרה

- **Fuente:** I Crónicas 2:26
- **Valor intrínseco:** 5
- **Valor numérico** –*guematria–:* 284
- **Composición elemental:** ע = elemento agua, nivel medio; ט = elemento fuego, nivel alto atenuado; ר = elemento agua, nivel medio moderado; ה = elemento fuego, nivel alto moderado.
- **Estructura sensorial:** ע = atributo misericordia; ט = atributo bondad; ר = atributo rigor; ה = atributo amor.

- **Versículo:** «Ciertamente diezmarás toda la cosecha de tu cultivo, el fruto del campo, año tras año» (Deuteronomio 14:22).

עשר תעשר את כל תבואת זרעך היצא השדה שנה שנה

Ateret / עטרת

- **Fuente:** deriva de Atara
- **Valor intrínseco:** 4
- **Valor numérico –*guematria*–:** 679
- **Composición elemental:** ע = elemento agua, nivel medio; ט = elemento fuego, nivel alto atenuado; ר = elemento agua, nivel medio moderado; ת = elemento tierra, nivel medio atenuado.
- **Estructura sensorial:** ע = atributo misericordia; ט = atributo bondad; ר = atributo rigor; ת = atributo rigor.
- **Versículo:** «Hazte dos trompetas de plata, hazlas labradas y serán tuyas para convocar a la asamblea y para que los campamentos se desplacen» (Números 10:2).

עשה לך שתי חצוצרת כסף מקשה תעשה אתם והיו לך למקרא העדה ולמסע את המחנות

Idit / עידית

- **Fuente:** Talmud, *véase* tratado de Ketuvot 92ª, significa «tierra selecta».
- **Valor intrínseco:** 8
- **Valor numérico –*guematria*–:** 494
- **Composición elemental:** ע = elemento agua, nivel medio; י = elemento tierra, nivel alto atenuado; ד = elemento agua, nivel alto; י = elemento tierra, nivel alto atenuado; ת = elemento tierra, nivel medio atenuado.
- **Estructura sensorial:** ע = atributo misericordia; י = atributo bondad; ד = atributo amor; י = atributo bondad; ת = atributo rigor.

- **Versículo:** «Hazte dos trompetas de plata, hazlas labradas y serán tuyas para convocar a la asamblea y para que los campamentos se desplacen» (Números 10:2).

עשה לך שתי חצוצרת כסף מקשה תעשה אתם והיו לך למקרא העדה ולמסע את המחנות

Aliza / עליזה

- **Fuente:** Isaías 32:13, significa «alegre».
- **Valor intrínseco:** 5
- **Valor numérico** *–guematria–:* 122
- **Composición elemental:** ע = elemento agua, nivel medio; ל = elemento agua, nivel alto atenuado; י = elemento tierra, nivel alto atenuado; ז = elemento aire, nivel alto moderado; ה = elemento fuego, nivel alto moderado.
- **Estructura sensorial:** ע = atributo misericordia; ל = atributo misericordia; י = atributo bondad; ז = atributo bondad; ה = atributo amor.
- **Versículo:** «Ciertamente diezmarás toda la cosecha de tu cultivo, el fruto del campo, año tras año» (Deuteronomio 14:22).

עשר תעשר את כל תבואת זרעך היצא השדה שנה שנה

Alma / עלמה

- **Fuente:** Génesis 24:43, significa «mujer joven».
- **Valor intrínseco:** 1
- **Valor numérico** *–guematria–:* 145
- **Composición elemental:** ע = elemento agua, nivel medio; ל = elemento agua, nivel alto atenuado; מ = elemento fuego, nivel medio; ה = elemento fuego, nivel alto moderado.
- **Estructura sensorial:** ע = atributo misericordia; ל = atributo misericordia; מ = atributo misericordia; ה = atributo amor.
- **Versículo:** «Ciertamente diezmarás toda la cosecha de tu cultivo, el fruto del campo, año tras año» (Deuteronomio 14:22).

עשר תעשר את כל תבואת זרעך היצא השדה שנה שנה

Ajsa / עכסה

- **Fuente:** Jueces 1:12
- **Valor intrínseco:** 2
- **Valor numérico –guematria–:** 155
- **Composición elemental:** ע = elemento agua, nivel medio; כ = elemento aire, nivel medio; ס = elemento aire, nivel alto atenuado; ה = elemento fuego, nivel alto moderado.
- **Estructura sensorial:** ע = atributo misericordia; כ = atributo misericordia; ס = atributo misericordia; ה = atributo amor.
- **Versículo:** «Ciertamente diezmarás toda la cosecha de tu cultivo, el fruto del campo, año tras año» (Deuteronomio 14:22).

עשר תעשר את כל תבואת זרעך היצא השדה שנה שנה

Anaba / ענבה

- **Fuente:** véase Génesis 40:10, significa «uva».
- **Valor intrínseco:** 1
- **Valor numérico –guematria–:** 127
- **Composición elemental:** ע = elemento agua, nivel medio; נ = elemento tierra, nivel medio; ב = elemento tierra, nivel alto; ה = elemento fuego, nivel alto moderado.
- **Estructura sensorial:** ע = atributo misericordia; נ = atributo misericordia; ב = atributo amor; ה = atributo amor.
- **Versículo:** «Ciertamente diezmarás toda la cosecha de tu cultivo, el fruto del campo, año tras año» (Deuteronomio 14:22).

עשר תעשר את כל תבואת זרעך היצא השדה שנה שנה

Nombres que comienzan con

PE (פ)

Pua / פועה

- **Fuente:** Éxodo 1:15
- **Valor intrínseco:** 8
- **Valor numérico –*guematria*–:** 161
- **Composición elemental:** פ = elemento fuego, nivel medio moderado; ו = elemento tierra, nivel alto moderado; ע = elemento agua, nivel medio; ה = elemento fuego, nivel alto moderado.
- **Estructura sensorial:** פ = atributo rigor; ו = atributo amor; ע = atributo misericordia; ה = atributo amor.
- **Versículo:** «Una campana y una granada, una campana y una granada en la costura del manto, en todo su contorno, para oficiar, tal como El Eterno le había ordenado a Moisés» (Éxodo 39:26).

  פעמן ורמן פעמן ורמן על שולי המעיל סביב לשרת כאשר צוה יהוה את משה

Penina / פנינה

- **Fuente:** *véase* I Samuel 1:2
- **Valor intrínseco:** 6
- **Valor numérico –*guematria*–:** 195
- **Composición elemental:** פ = elemento fuego, nivel medio moderado; נ = elemento tierra, nivel medio; י = elemento tierra, nivel alto atenuado; נ = elemento tierra, nivel medio; ה = elemento fuego, nivel alto moderado.
- **Estructura sensorial:** פ = atributo rigor; נ = atributo misericordia; י = atributo bondad; נ = atributo misericordia; ה = atributo amor.

- **Versículo:** «Una campana y una granada, una campana y una granada en la costura del manto, en todo su contorno, para oficiar, tal como El Eterno le había ordenado a Moisés» (Éxodo 39:26).

פעמן ורמן פעמן ורמן על שולי המעיל סביב לשרת כאשר צוה יהוה את משה

Perajia / פרחיה

- **Fuente:** *véase* Éxodo 25:31, significa «flor de Dios».
- **Valor intrínseco:** 6
- **Valor numérico –*guematria*–:** 303
- **Composición elemental:** פ = elemento fuego, nivel medio moderado; ר = elemento agua, nivel medio moderado; ח = elemento agua, nivel alto moderado; י = elemento tierra, nivel alto atenuado; ה = elemento fuego, nivel alto moderado.
- **Estructura sensorial:** פ = atributo rigor; ר = atributo rigor; ח = atributo bondad; י = atributo bondad; ה = atributo amor.
- **Versículo:** «Una campana y una granada, una campana y una granada en la costura del manto, en todo su contorno, para oficiar, tal como El Eterno le había ordenado a Moisés» (Éxodo 39:26).

פעמן ורמן פעמן ורמן על שולי המעיל סביב לשרת כאשר צוה יהוה את משה

Nombres que comienzan con
TZADI (צ)

Tzivia / צביה

- **Fuente:** II Crónicas 24:1
- **Valor intrínseco:** 8
- **Valor numérico –*guematria*–:** 107
- **Composición elemental:** צ = elemento tierra, nivel medio moderado; ב = elemento tierra, nivel alto; י = elemento tierra, nivel alto atenuado; ה = elemento fuego, nivel alto moderado.
- **Estructura sensorial:** צ = atributo rigor; ב = atributo amor; י = atributo bondad; ה = atributo amor.
- **Versículo:** «Ordena a los Hijos de Israel y diles: cuando lleguéis a la tierra de Canaán, ésta es la tierra destinada a vosotros por herencia, la tierra de Canaán, según sus límites» (Números 34:2).

צו את בני ישראל ואמרת אלהם כי אתם באים אל הארץ כנען זאת הארץ אשר תפל לכם
בנחלה ארץ כנען לגבלתיה

Tzahala / צהלה

- **Fuente:** Ester 8:15, significa «júbilo».
- **Valor intrínseco:** 4
- **Valor numérico –*guematria*–:** 130
- **Composición elemental:** צ = elemento tierra, nivel medio moderado; ה = elemento fuego, nivel alto moderado; ל = elemento agua, nivel alto atenuado; ה = elemento fuego, nivel alto moderado.
- **Estructura sensorial:** צ = atributo rigor; ה = atributo amor; ל = atributo misericordia; ה = atributo amor.

- **Versículo:** «Ordena a los Hijos de Israel y diles: cuando lleguéis a la tierra de Canaán, ésta es la tierra destinada a vosotros por herencia, la tierra de Canaán, según sus límites» (Números 34:2).

צו את בני ישראל ואמרת אלהם כי אתם באים אל הארץ כנען זאת הארץ אשר תפל לכם בנחלה ארץ כנען לגבלתיה

Tzofia / צופיה

- **Fuente:** Proverbios 31:27, significa «observante y reflexiva».
- **Valor intrínseco:** 2
- **Valor numérico –*guematria*–:** 191
- **Composición elemental:** צ = elemento tierra, nivel medio moderado; ו = elemento tierra, nivel alto moderado; פ = elemento fuego, nivel medio moderado; י = elemento tierra, nivel alto atenuado; ה = elemento fuego, nivel alto moderado.
- **Estructura sensorial:** צ = atributo rigor; ו = atributo amor; פ = atributo rigor; י = atributo bondad; ה = atributo amor.
- **Versículo:** «Ordena a los Hijos de Israel y diles: cuando lleguéis a la tierra de Canaán, ésta es la tierra destinada a vosotros por herencia, la tierra de Canaán, según sus límites» (Números 34:2).

צו את בני ישראל ואמרת אלהם כי אתם באים אל הארץ כנען זאת הארץ אשר תפל לכם בנחלה ארץ כנען לגבלתיה

Tzila / צילה

- **Fuente:** *véase* Génesis 4:19
- **Valor intrínseco:** 9
- **Valor numérico –*guematria*–:** 135
- **Composición elemental:** צ = elemento tierra, nivel medio moderado; י = elemento tierra, nivel alto atenuado; ל = elemento agua, nivel alto atenuado; ה = elemento fuego, nivel alto moderado.
- **Estructura sensorial:** צ = atributo rigor; י = atributo bondad; ל = atributo misericordia; ה = atributo amor.

- **Versículo:** «Ordena a los Hijos de Israel y diles: cuando lleguéis a la tierra de Canaán, ésta es la tierra destinada a vosotros por herencia, la tierra de Canaán, según sus límites» (Números 34:2).

צו את בני ישראל ואמרת אלהם כי אתם באים אל הארץ כנען זאת הארץ תפל לכם בנחלה ארץ כנען לגבלתיה

Tzipora / צפורה

- **Fuente:** *véase* Éxodo 2:21
- **Valor intrínseco:** 3
- **Valor numérico –*guematria*–:** 381
- **Composición elemental:** צ = elemento tierra, nivel medio moderado; פ = elemento fuego, nivel medio moderado; ו = elemento tierra, nivel alto moderado; ר = elemento agua, nivel medio moderado; ה = elemento fuego, nivel alto moderado.
- **Estructura sensorial:** צ = atributo rigor; פ = atributo rigor; ו = atributo amor; ר = atributo rigor; ה = atributo amor.
- Versículo: «Ordena a los Hijos de Israel y diles: cuando lleguéis a la tierra de Canaán, ésta es la tierra destinada a vosotros por herencia, la tierra de Canaán, según sus límites» (Números 34:2).

צו את בני ישראל ואמרת אלהם כי אתם באים אל הארץ כנען זאת הארץ תפל לכם בנחלה ארץ כנען לגבלתיה

Tzruiá / צרויה

- **Fuente:** II Samuel 2:18
- **Valor intrínseco:** 5
- **Valor numérico –*guematria*–:** 311
- **Composición elemental:** צ = elemento tierra, nivel medio moderado; ר = elemento agua, nivel medio moderado; ו = elemento tierra, nivel alto moderado; י = elemento tierra, nivel alto atenuado; ה = elemento fuego, nivel alto moderado.

- **Estructura sensorial:** צ = atributo rigor; ר = atributo rigor; ו = atributo amor; י = atributo bondad; ה = atributo amor.
- **Versículo:** «Ordena a los Hijos de Israel y diles: cuando lleguéis a la tierra de Canaán, ésta es la tierra destinada a vosotros por herencia, la tierra de Canaán, según sus límites» (Números 34:2).

צו את בני ישראל ואמרת אלהם כי אתם באים אל הארץ כנען זאת הארץ אשר תפל לכם בנחלה ארץ כנען לגבלתיה

Nombres que comienzan con

KUF (ק)

Ketura / קטורה

- **Fuente:** Génesis 25:1
- **Valor intrínseco:** 5
- **Valor numérico –*guematria*–:** 320
- **Composición elemental:** ק = elemento aire, nivel medio moderado; ט = elemento fuego, nivel alto atenuado; ו = elemento tierra, nivel alto moderado; ר = elemento agua, nivel medio moderado; ה = elemento fuego, nivel alto moderado.
- **Estructura sensorial:** ק = atributo rigor; ט = atributo bondad; ו = atributo amor; ר = atributo rigor; ה = atributo amor.
- **Versículo:** «Levántate y anda la tierra a su largo y su ancho; pues a ti te la daré» (Génesis 13:17).

קום התהלך בארץ לארכה ולרחבה כי לך אתננה

Ketzia / קציעה

- **Fuente:** Job 42:14
- **Valor intrínseco:** 5
- **Valor numérico –*guematria*–:** 275
- **Composición elemental:** ק = elemento aire, nivel medio moderado; צ = elemento tierra, nivel medio moderado; י = elemento tierra, nivel alto atenuado; ע = elemento agua, nivel medio; ה = elemento fuego, nivel alto moderado.
- **Estructura sensorial:** ק = atributo rigor; צ = atributo rigor; י = atributo bondad; ע = atributo misericordia; ה = atributo amor.

- **Versículo:** «Levántate y anda la tierra a su largo y su ancho; pues a ti te la daré» (Génesis 13:17).

קום התהלך בארץ לארכה ולרחבה כי לך אתננה

Keren / קרן

- **Fuente:** Job 42:14
- **Valor intrínseco:** 8
- **Valor numérico –*guematria*–:** 350
- **Composición elemental:** ק = elemento aire, nivel medio moderado; ר = elemento agua, nivel medio moderado; ן = elemento fuego, nivel bajo.
- **Estructura sensorial:** ק = atributo rigor; ר = atributo rigor; ן = atributo misericordia.
- **Versículo:** «¡Voz de tus vigías! Alzarán la voz, al unísono darán voces de alabanza; porque ojo a ojo verán que El Eterno retornará a Sión» (Isaías 52:8).

קול צפיך נשאו קול יחדו ירננו כי עין בעין יראו בשוב יהוה ציון

Nombres que comienzan con

REISH (ר)

Reuma / ראומה
- **Fuente:** Génesis 22:24
- **Valor intrínseco:** 9
- **Valor numérico –guematria–:** 252
- **Composición elemental:** ר = elemento agua, nivel medio moderado; א = elemento fuego, nivel alto; ו = elemento tierra, nivel alto moderado; מ = elemento fuego, nivel medio; ה = elemento fuego, nivel alto moderado.
- **Estructura sensorial:** ר = atributo rigor; א = atributo amor; ו = atributo amor; מ = atributo misericordia; ה = atributo amor.
- **Versículo:** «Observa, os he enseñado decretos y ordenanzas, tal como El Eterno, mi Dios, me ha ordenado, para realizarlas así en medio de la Tierra a la que venís a poseer» (Deuteronomio 4:5).
  ראה למדתי אתכם חקים ומשפטים כאשר צוני יהוה אלהי לעשות כן בקרב הארץ אשר אתם באים שמה לרשתה

Rivka / רבקה
- **Fuente:** Génesis 24:15
- **Valor intrínseco:** 1
- **Valor numérico –guematria–:** 307
- **Composición elemental:** ר = elemento agua, nivel medio moderado; ב = elemento tierra, nivel alto; ק = elemento aire, nivel medio moderado; ה = elemento fuego, nivel alto moderado.

- **Estructura sensorial:** ר = atributo rigor; ב = atributo amor; ק = atributo rigor; ה = atributo amor.
- **Versículo:** «Observa, os he enseñado decretos y ordenanzas, tal como El Eterno, mi Dios, me ha ordenado, para realizarlas así en medio de la Tierra a la que venís a poseer» (Deuteronomio 4:5).

ראה למדתי אתכם חקים ומשפטים כאשר צוני יהוה אלהי לעשות כן בקרב הארץ אשר אתם באים שמה לרשתה

Rujama / רוחמה

- **Fuente:** *véase* Oseas 1:6
- **Valor intrínseco:** 7
- **Valor numérico –*guematria*–:** 259
- **Composición elemental:** ר = elemento agua, nivel medio moderado; ו = elemento tierra, nivel alto moderado; ח = elemento agua, nivel alto moderado; מ = elemento fuego, nivel medio; ה = elemento fuego, nivel alto moderado.
- **Estructura sensorial:** ר = atributo rigor; ו = atributo amor; ח = atributo bondad; מ = atributo misericordia; ה = atributo amor.
- **Versículo:** «Observa, os he enseñado decretos y ordenanzas, tal como El Eterno, mi Dios, me ha ordenado, para realizarlas así en medio de la Tierra a la que venís a poseer» (Deuteronomio 4:5).

ראה למדתי אתכם חקים ומשפטים כאשר צוני יהוה אלהי לעשות כן בקרב הארץ אשר אתם באים שמה לרשתה

Rut / רות

- **Fuente:** Rut 1:4
- **Valor intrínseco:** 3
- **Valor numérico –*guematria*–:** 606
- **Composición elemental:** ר = elemento agua, nivel medio moderado; ו = elemento tierra, nivel alto moderado; ת = elemento tierra, nivel medio atenuado.

- **Estructura sensorial:** ר = atributo rigor; ו = atributo amor; ת = atributo rigor.
- **Versículo:** «Observa, El Eterno, vuestro Dios, ha colocado la Tierra ante ti; subid y poseedla, tal como El Eterno, el Dios de tus antepasados, ha hablado ante ti; no temáis y no os espantéis» (Deuteronomio 1:21).

רְאֵה נָתַן יְהוָה אֱלֹהֶיךָ לְפָנֶיךָ אֶת הָאָרֶץ עֲלֵה רֵשׁ כַּאֲשֶׁר דִּבֶּר יְהוָה אֱלֹהֵי אֲבֹתֶיךָ לָךְ אַל תִּירָא וְאַל תֵּחָת

Rajel / רחל

- **Fuente:** Génesis 29:6
- **Valor intrínseco:** 4
- **Valor numérico –*guematria*–:** 238
- **Composición elemental:** ר = elemento agua, nivel medio moderado; ח = elemento agua, nivel alto moderado; ל = elemento agua, nivel alto atenuado.
- **Estructura sensorial:** ר = atributo rigor; ח = atributo bondad; ל = atributo misericordia.
- **Versículo:** «Observad, ahora, que Yo, Yo soy Él, y no hay dios junto a Mí; Yo hago morir y hago vivir, Yo golpeo y Yo curo, y no hay quien salve de Mi mano» (Deuteronomio 32:39).

רְאוּ עַתָּה כִּי אֲנִי אֲנִי הוּא וְאֵין אֱלֹהִים עִמָּדִי אֲנִי אָמִית וַאֲחַיֶּה מָחַצְתִּי וַאֲנִי אֶרְפָּא וְאֵין מִיָּדִי מַצִּיל

Rina / רינה

- **Fuente:** *véase* Isaías 49:13, significa «alabanza».
- **Valor intrínseco:** 4
- **Valor numérico –*guematria*–:** 265
- **Composición elemental:** ר = elemento agua, nivel medio moderado; י = elemento tierra, nivel alto atenuado; נ = elemento tierra, nivel medio; ה = elemento fuego, nivel alto moderado.
- **Estructura sensorial:** ר = atributo rigor; י = atributo bondad; נ = atributo misericordia; ה = atributo amor.

- **Versículo:** «Observa, os he enseñado decretos y ordenanzas, tal como El Eterno, mi Dios, me ha ordenado, para realizarlas así en medio de la Tierra a la que venís a poseer» (Deuteronomio 4:5).

ראה למדתי אתכם חקים ומשפטים כאשר צוני יהוה אלהי לעשות כן בקרב הארץ אשר אתם באים שמה לרשתה

Nombres que comienzan con

SHIN (שׁ)

Shulamit / שׁולמית

- **Fuente:** Cantar de los Cantares 7:1
- **Valor intrínseco:** 3
- **Valor numérico –guematria–:** 786
- **Composición elemental:** שׁ = elemento fuego, nivel medio atenuado; ו = elemento tierra, nivel alto moderado; ל = elemento agua, nivel alto atenuado; מ = elemento fuego, nivel medio; י = elemento tierra, nivel alto atenuado; ת = elemento tierra, nivel medio atenuado.
- **Estructura sensorial:** שׁ = atributo rigor; ו = atributo amor; ל = atributo misericordia; מ = atributo misericordia; י = atributo bondad; ת = atributo rigor.
- **Versículo:** «Seis días trabajarás y el séptimo día cesarás; de sembrar y cosechar cesarás» (Éxodo 34:21).

ששת ימים תעבד וביום השביעי תשבת בחריש ובקציר תשבת

Shoshana / שׁושנה

- **Fuente:** II Crónicas 4:5, significa «rosa».
- **Valor intrínseco:** 4
- **Valor numérico –guematria–:** 661
- **Composición elemental:** שׁ = elemento fuego, nivel medio atenuado; ו = elemento tierra, nivel alto moderado; שׁ = elemento fuego, nivel medio atenuado; נ = elemento tierra, nivel medio; ה = elemento fuego, nivel alto moderado.

- **Estructura sensorial:** שׁ = atributo rigor; ו = atributo amor; שׂ = atributo rigor; נ = atributo misericordia; ה = atributo amor.
- **Versículo:** «Tres Fiestas de Peregrinación celebrarás para Mí durante el año» (Éxodo 23:14).

שלש רגלים תחג לי בשנה

Shajar / שחר

- **Fuente:** Salmos 57:9, significa «amanecer».
- **Valor intrínseco:** 4
- **Valor numérico –*guematria*–:** 508
- **Composición elemental:** שׁ = elemento fuego, nivel medio atenuado; ח = elemento agua, nivel alto moderado; ר = elemento agua, nivel medio moderado.
- **Estructura sensorial:** שׁ = atributo rigor; ח = atributo bondad; ר = atributo rigor.
- **Versículo:** «Seis días harás tus actividades, y al séptimo día cesarás, para que tu toro y tu asno descansen, y recobren fuerzas el hijo de tu sirvienta y el residente» (Éxodo 23:12).

ששת ימים תעשה מעשיך וביום השביעי תשבת למען ינוח שורך וחמרך וינפש בן אמתך והגר

Shirel / שיראל

- **Fuente:** está formado por *shir* y *El*; *shir* significa «canto», *véase* Cantar de los Cantares 1:1; *El*, alude a Dios, *véase* Génesis 14:18. Es decir, *Shirel* significa: «Canto a Dios».
- **Valor intrínseco:** 1
- **Valor numérico –*guematria*–:** 541
- **Composición elemental:** שׁ = elemento fuego, nivel medio atenuado; י = elemento tierra, nivel alto atenuado; ר = elemento agua, nivel medio moderado; א = elemento fuego, nivel alto; ל = elemento agua, nivel alto atenuado.

- **Estructura sensorial:** שׁ = atributo rigor; י = atributo bondad; ר = atributo rigor; א = atributo amor; ל = atributo misericordia.
- **Versículo:** «Tres veces en el año todos tus varones aparecerán ante El Señor, El Eterno, Dios de Israel» (Éxodo 34:23).

שלש פעמים בשנה יראה כל זכורך את פני האדן יהוה אלהי ישראל

Shira / שירה

- **Fuente:** Éxodo 15:1, significa «canción».
- **Valor intrínseco:** 2
- **Valor numérico –*guematria*–:** 515
- **Composición elemental:** שׁ = elemento fuego, nivel medio atenuado; י = elemento tierra, nivel alto atenuado; ר = elemento agua, nivel medio moderado; ה = elemento fuego, nivel alto moderado.
- **Estructura sensorial:** שׁ = atributo rigor; י = atributo bondad; ר = atributo rigor; ה = atributo amor.
- **Versículo:** «Tres Fiestas de Peregrinación celebrarás para Mí durante el año» (Éxodo 23:14).

שלש רגלים תחג לי בשנה

Shirli / שירלי

- **Fuente:** está formado por las palabras: *shir* y *li*; *shir* significa «canto», *véase* Cantar de los Cantares 1:1; *li*, es un adjetivo posesivo, *véase* Génesis 48:9. Es decir, *Shirli* significa «mi canción».
- **Valor intrínseco:** 1
- **Valor numérico –*guematria*–:** 550
- **Composición elemental:** שׁ = elemento fuego, nivel medio atenuado; י = elemento tierra, nivel alto atenuado; ר = elemento agua, nivel medio moderado; ל = elemento agua, nivel alto atenuado; י = elemento tierra, nivel alto atenuado.

- **Estructura sensorial:** ש = atributo rigor; י = atributo bondad; ר = atributo rigor; ל = atributo misericordia; י = atributo bondad.
- **Versículo:** «Durante siete días comeréis pan ácimo, pero el día primero anularéis la levadura de vuestros hogares; pues todo el que comiere leudado desde el primer día hasta el séptimo día, esa alma será tronchada de Israel» (Éxodo 12:15).

שבעת ימים מצות תאכלו אך ביום הראשון תשביתו שאר מבתיכם כי כל אכל חמץ ונכרתה הנפש ההוא מישראל מיום הראשן עד יום השבעי

Shlomit / שלומית

- **Fuente:** *véase* I Crónicas 3:19
- **Valor intrínseco:** 3
- **Valor numérico –*guematria*–:** 786
- **Composición elemental:** ש = elemento fuego, nivel medio atenuado; ל = elemento agua, nivel alto atenuado; ו = elemento tierra, nivel alto moderado; מ = elemento fuego, nivel medio; י = elemento tierra, nivel alto atenuado; ת = elemento tierra, nivel medio atenuado.
- **Estructura sensorial:** ש = atributo rigor; ל = atributo misericordia; ו = atributo amor; מ = atributo misericordia; י = atributo bondad; ת = atributo rigor.
- **Versículo:** «Seis días trabajarás y el séptimo día cesarás; de sembrar y cosechar cesarás» (Éxodo 34:21).

ששת ימים תעבד וביום השביעי תשבת בחריש ובקציר תשבת

Simja / שמחה

- **Fuente:** *véase* Génesis 31:27, significa «alegría».
- **Valor intrínseco:** 2
- **Valor numérico –*guematria*–:** 353
- **Composición elemental:** ש = elemento fuego, nivel medio atenuado; מ = elemento fuego, nivel medio; ח = elemento agua, nivel alto moderado; ה = elemento fuego, nivel alto moderado.

- **Estructura sensorial:** ש = atributo rigor; מ = atributo misericordia; ח = atributo bondad; ה = atributo amor.
- **Versículo:** «Tres Fiestas de Peregrinación celebrarás para Mí durante el año» (Éxodo 23:14).

שלש רגלים תחג לי בשנה

Shifra / שפרה

- **Fuente:** Éxodo 1:15
- **Valor intrínseco:** 9
- **Valor numérico –*guematria*–:** 585
- **Composición elemental:** ש = elemento fuego, nivel medio atenuado; פ = elemento fuego, nivel medio moderado; ר = elemento agua, nivel medio moderado; ה = elemento fuego, nivel alto moderado.
- **Estructura sensorial:** ש = atributo rigor; פ = atributo rigor; ר = atributo rigor; ה = atributo amor.
- **Versículo:** «Tres Fiestas de Peregrinación celebrarás para Mí durante el año» (Éxodo 23:14).

שלש רגלים תחג לי בשנה

Sara / שרה

- **Fuente:** Génesis 17:15
- **Valor intrínseco:** 1
- **Valor numérico –*guematria*–:** 505
- **Composición elemental:** ש = elemento fuego, nivel medio atenuado; ר = elemento agua, nivel medio moderado; ה = elemento fuego, nivel alto moderado.
- **Estructura sensorial:** ש = atributo rigor; ר = atributo rigor; ה = atributo amor.
- **Versículo:** «Tres Fiestas de Peregrinación celebrarás para Mí durante el año» (Éxodo 23:14).

שלש רגלים תחג לי בשנה

Sharón / שרון

- **Fuente:** Cantar de los Cantares 2:1, significa: «lugar fértil».
- **Valor intrínseco:** 7
- **Valor numérico –*guematria*–:** 556
- **Composición elemental:** ש = elemento fuego, nivel medio atenuado; ר = elemento agua, nivel medio moderado; ו = elemento tierra, nivel alto moderado; ן = elemento fuego, nivel bajo.
- **Estructura sensorial:** ש = atributo rigor; ר = atributo rigor; ו = atributo amor; ן = atributo misericordia.
- **Versículo:** «Un tablón debe tener dos estacas, paralelas entre sí; y así harás con todos los tablones del Tabernáculo» (Éxodo 26:17).

שתי ידות לקרש האחד משלבת אשה אל אחתה כן תעשה לכל קרשי המשכן

Sarit / שרית

- **Fuente:** deriva de Sara
- **Valor intrínseco:** 1
- **Valor numérico –*guematria*–:** 910
- **Composición elemental:** ש = elemento fuego, nivel medio atenuado; ר = elemento agua, nivel medio moderado; י = elemento tierra, nivel alto atenuado; ת = elemento tierra, nivel medio atenuado.
- **Estructura sensorial:** ש = atributo rigor; ר = atributo rigor; י = atributo bondad; ת = atributo rigor.
- **Versículo:** «Seis días trabajarás y el séptimo día cesarás; de sembrar y cosechar cesarás» (Éxodo 34:21).

ששת ימים תעבד וביום השביעי תשבת בחריש ובקציר תשבת

Nombres que comienzan con

TAV (ת)

Tebuna / תבונה

- **Fuente:** I Reyes 5:9, significa «entendimiento».
- **Valor intrínseco:** 4
- **Valor numérico –*guematria*–:** 463
- **Composición elemental:** ת = elemento tierra, nivel medio atenuado; ב = elemento tierra, nivel alto; ו = elemento tierra, nivel alto moderado; נ = elemento tierra, nivel medio; ה = elemento fuego, nivel alto moderado.
- **Estructura sensorial:** ת = atributo rigor; ב = atributo amor; ו = atributo amor; נ = atributo misericordia; ה = atributo amor.
- **Versículo:** «Plegaria de David: Oye, El Eterno, lo recto, considera mi alabanza; escucha mi plegaria emitida sin engaño» (Salmos 17:1).

תפלה לדוד שמעה יהוה צדק הקשיבה רנתי האזינה תפלתי בלא שפתי מרמה

Tehila / תהילה

- **Fuente:** *véase* Salmos 40:4, significa «alabanza».
- **Valor intrínseco:** 9
- **Valor numérico –*guematria*–:** 450
- **Composición elemental:** ת = elemento tierra, nivel medio atenuado; ה = elemento fuego, nivel alto moderado; י = elemento tierra, nivel alto atenuado; ל = elemento agua, nivel alto atenuado; ה = elemento fuego, nivel alto moderado.

- **Estructura sensorial:** ת = atributo rigor; ה = atributo amor; י = atributo bondad; ל = atributo misericordia; ה = atributo amor.
- **Versículo:** «Plegaria de David: Oye, El Eterno, lo recto, considera mi alabanza; escucha mi plegaria emitida sin engaño» (Salmos 17:1).

תפלה לדוד שמעה יהוה צדק הקשיבה רנתי האזינה תפלתי בלא שפתי מרמה

Temima / תמימה

- **Fuente:** Salmos 19:8, significa «íntegra».
- **Valor intrínseco:** 9
- **Valor numérico –*guematria*–:** 495
- **Composición elemental:** ת = elemento tierra, nivel medio atenuado; מ = elemento fuego, nivel medio; י = elemento tierra, nivel alto atenuado; מ = elemento fuego, nivel medio; ה = elemento fuego, nivel alto moderado.
- **Estructura sensorial:** ת = atributo rigor; מ = atributo misericordia; י = atributo bondad; מ = atributo misericordia; ה = atributo amor.
- **Versículo:** «Plegaria de David: Oye, El Eterno, lo recto, considera mi alabanza; escucha mi plegaria emitida sin engaño» (Salmos 17:1).

תפלה לדוד שמעה יהוה צדק הקשיבה רנתי האזינה תפלתי בלא שפתי מרמה

Tamar / תמר

- **Fuente:** II Samuel 13:1
- **Valor intrínseco:** 1
- **Valor numérico –*guematria*–:** 640
- **Composición elemental:** ת = elemento tierra, nivel medio atenuado; מ = elemento fuego, nivel medio; ר = elemento agua, nivel medio moderado.
- **Estructura sensorial:** ת = atributo rigor; מ = atributo misericordia; ר = atributo rigor

- **Versículo:** «Plegaria de Moshé, varón de Dios: Mi Señor, Tú has sido nuestro refugio de generación en generación» (Salmos 49:20).

תפלה למשה איש האלהים אדני מעון אתה היית לנו בדר ודר

Tamara / תמרה

- **Fuente:** deriva de Tamar
- **Valor intrínseco:** 6
- **Valor numérico –guematria–:** 645
- **Composición elemental:** ת = elemento tierra, nivel medio atenuado; מ = elemento fuego, nivel medio; ר = elemento agua, nivel medio moderado; ה = elemento fuego, nivel alto moderado.
- **Estructura sensorial:** ת = atributo rigor; מ = atributo misericordia; ר = atributo rigor; ה = atributo amor.
- **Versículo:** «Plegaria de David: Oye, El Eterno, lo recto, considera mi alabanza; escucha mi plegaria emitida sin engaño» (Salmos 17:1).

תפלה לדוד שמעה יהוה צדק הקשיבה רנתי האזינה תפלתי בלא שפתי מרמה

Tikva / תקוה

- **Fuente:** II Reyes 22:14
- **Valor intrínseco:** 7
- **Valor numérico –guematria–:** 511
- **Composición elemental:** ת = elemento tierra, nivel medio atenuado; ק = elemento aire, nivel medio moderado; ו = elemento tierra, nivel alto moderado; ה = elemento fuego, nivel alto moderado.
- **Estructura sensorial:** ת = atributo rigor; ק = atributo rigor; ו = atributo amor; ה = atributo amor.
- **Versículo:** «Plegaria de David: Oye, El Eterno, lo recto, considera mi alabanza; escucha mi plegaria emitida sin engaño» (Salmos 17:1).

תפלה לדוד שמעה יהוה צדק הקשיבה רנתי האזינה תפלתי בלא שפתי מרמה

Tirza / תרצה

- **Fuente:** Números 26:33
- **Valor intrínseco:** 2
- **Valor numérico –*guematria*–:** 695
- **Composición elemental:** ת = elemento tierra, nivel medio atenua-do; ר = elemento agua, nivel medio moderado; צ = elemento tierra, nivel medio moderado; ה = elemento fuego, nivel alto moderado.
- **Estructura sensorial:** ת = atributo rigor; ר = atributo rigor; צ = atributo rigor; ה = atributo amor.
- **Versículo:** «Plegaria de David: Oye, El Eterno, lo recto, considera mi alabanza; escucha mi plegaria emitida sin engaño» (Salmos 17:1).

תפלה לדוד שמעה יהוה צדק הקשיבה רנתי האזינה תפלתי בלא שפתי מרמה

Índice